Stefan Zweig

Reisen mit Stefan Zweig.

Gedichte, Elegien und Eindrücke von Konstanz, Brügge, Sevilla, Provence, Comer See u.v.a.

SEVERUS Verlag

Zweig, Stefan: Gedichte, Elegien und Eindrücke von Konstanz, Brügge, Sevilla, Provence, Comer See u.v.a.. 2019
Neuauflage der Ausgabe von 1922
ISBN: 978-3-86347-809-4

Korrektorat: Jana Rosebrock
Satz: Jana Rosebrock

Umschlaggestaltung: SEVERUS Verlag
Bildnachweis: www.pixabay.com

Bibliografische Information der Deutschen Nationalbibliothek: Die Deutsche Nationalbibliothek verzeichnet diese Publikation in der Deutschen Nationalbibliografie; detaillierte bibliografische Daten sind im Internet über https://dnb.de abrufbar.

Der SEVERUS Verlag ist ein Imprint der Bedey & Thoms Media GmbH, Hermannstal 119k, 22119 Hamburg

---

SEVERUS Verlag, 2019
http://www.severus-verlag.de
Gedruckt in Deutschland

Stefan Zweig

Reisen mit Stefan Zweig

Gedichte, Elegien und Eindrücke von Konstanz, Brügge, Sevilla, Provence, Comer See u.v.a

Inhalt

Die ferne Landschaft

Sie ist nur Traum, von mir als Kind einmal
Vielleicht geträumt, vielleicht sogar erlebt
Auf einer Reise, die ich längst vergaß.

Doch blinkt ihr Bild, als hätte scharfer Stahl
Es losgeschnitten von dem Hintergrund
Der Nacht, nun so in mir: Ein helles Tal,

Das jäh hinabstürzt von der Berge Rund,
Wie wenn es von dem Flusse trinken wollt,
Der lärmend gegen Felsen schmettert und

Dann in die Ferne glitzernd weiterrollt,
Wo reifer Trauben überschattet Blau
Sanft niederfließt in breites Ackergold.

Das Bild ist treu. Ich sehe ganz genau
Aus jedem Traum dieselben Dächer, schräg
Und sonnenwarm, aufatmend fühl ich lau

Des Südens Luft, ich höre von dem Steg
Die Wasser schäumen und seh immer dann
Nach beiden Seiten einen weißen Weg.

Und immer neu rührt mich die Frage an,
Ob ich schon diesen Weg gegangen bin
In Leben oder Traum und wo und wann,

Den weißen Weg, der scheu und zögernd in
Den Rauch der Felsen führt und sanft ins Tal
– Ich weiß es nicht, woher, und nicht, wohin –

Und der doch funkelnder als ein Opal
Durch meine Nächte glänzt und bis zum Rand
Sie voll mit Sehnsucht füllt, ein einzig Mal

Auf diesem Weg zu pilgern in ein Land,
Das hinter allen Träumen liegt, so weit
Und wolkenfroh, so fremd und so bekannt,

Als sei es meine eigene Kinderzeit.

Herbstwinter in Meran

Oktoberwende hat längst die letzten Trauben von den Reben gelöst, aber noch glühen die Weingärten in einem sanften und doch feurigen Licht. Blatt an Blatt leuchtet blank und messingfarben und immer, wenn eine sanfte Brise die zitternden umlegt, meint man, sie klingen zu hören wie feine metallene Scheiben. Dunkler sieht der Herbst ins Land. Die Berge haben schon Schnee auf dem Scheitel, doch ihre Brust liegt noch frei und grün und leuchtend umschnürt ihre tiefe Hüfte der farbige Gurt der Weinberge. Ganz weit scheint der Winter noch. Nur die Höhen, die weiter in die Ferne schauen, scheinen ihn bereits erspäht zu haben, das Tal freut sich tief der Sonne und wird nur feuriger in den herbstlichen Farben. Wie brennende Büschel flackern einzelne Bäume rote Warnung ins Land, rostfarben leuchten die Stämme und das heitere Gelb der welken Blätter mengt sich fröhlich ins dunkle Grün der Matten. Unwandelbar aber schließt oben der blaue Himmel mit einem weiten, voll ausgespannten Klang den bunten Reigen der Farben. Es ist ein Herbst ohne Ende, ein Herbst ohne Bitterkeit, der hier langsam Winter wird und – man fühlt es schon – ein milder geruhiger Winter, ohne Härte und Harm.

Es ist mir nicht neu, das vielfältige Farbenspiel dieser Landschaft. Oft habe ich sie schon so gesehen im Zauber des Übergangs, immer beglückt und immer neu begeistert. Aber immer nur wie etwa ein Maler es sehen mag, froh der

Reinheit der Luft und der seligen Klarheit der Farben und fraglos hingegeben im sanften Genießen. Doch heute lüstet es mich, die Schönheit nach ihrem Sinn zu fragen, denn es gibt Stunden, da der Genuss eine Rechenschaft fordert und selbst die Beglückung noch ihren Sinn. Ich sehe in ihre heiteren Züge hinein und frage das eigene Herz, noch heiß in Entzücken, warum gerade ihr diese seltsame Macht gegeben ist, so reine Beruhigung in mir auszubreiten und von ihrer sanften Heiterkeit einen Widerschein in mich zu streuen. Ich weiß gewaltigere, gekrönt mit den heroischen Insignien großer Vergangenheit, Landschaften, die das Meer zu ihren Füßen haben, das unendliche, oder einen See, ständig das Bild ihrer Anmut zu spiegeln, Landschaften, die wie urweltliche versteinerte Gedanken sind, Tragödien aus Fels und Wald. Ich sehe sie an, suchend, an hundert Stellen ihre Schönheit zu fassen und nichts Einzelnes gibt Antwort. Denn nichts in ihr ist eigentlich sonderbar oder einzigartig, nichts reißt herrisch den Blick an sich, freundlich lässt ihn eine Linie in die andere fließen. Und diese Harmonie des Überganges ist ihre Magie. Denn alle Elemente der Schönheit sind nicht nur verteilt im Meraner Tal, sondern auch vereint. Sie hat Größe und Gewalt, diese Landschaft am Fuße der nordischen Alpen, aber eine, die nicht drückt und beschwert: schieben sich die Berge in ihrem Rücken wie zornige Falten auf der Stirn eines Giganten drohend zusammen, scheint von allen Seiten Begrenzung dem Blick zu drohen, nach Süden tut sich die verschlossene Landschaft unendlich auf, ein sonniges Tal führt den Blick, den befreiten, heiter fruchtbare Felder ins Ferne entlang. Sie ist großartig, diese Landschaft, und doch nicht streng, ihre Nähe schön und ihre Ferne erhaben. Ihr felsiger Bau beängstigt nicht wie etwa eine verschlossene Gebirgslandschaft, deren schroffe Felsen sich einem schließlich um das Herz bauen, ihre Weite ermüdet nicht, weil sie nicht flach ins Ferne rinnt, sondern überall den Höhen sich verkettet. Alles ist Übergang in diesem Anblick. Die Stadt selbst, uralt, mit ihren Laubengängen und Herrensitzen und doch geschmackvoll in den neuen Villen und Burgen, fügt Vergangenheit und Gegenwart in eine gesellige Gemeinsamkeit. Weiß und doch schon grün durchädert von den Parken und Anlagen, klettert sie langsam in die Wiesen und Weinreben hinein, die selbst wieder aufsteigend hinschwinden in den dunklen Wald. Dieser wieder verliert sich klimmend in den Fels, dessen Grau mählich mit dem kühlen Weiß des Firnenschnees sich überstaubt, und diese höchste zackige Linie wiederum zeichnet sich rein ins unendliche Blau. So klar und rein entfaltet sich hier der Fächer der Farben, nichts befeindet sich, alle Gegensätze sind harmonisch gelöst. Norden und Süden, Stadt und Landschaft, Deutschland und Italien, alle diese scharfen Kontraste gleiten sanft ineinander, selbst das Feindlichste scheint hier gesellig und vertraut. Nirgends ist eine brüske Bewegung in der Landschaft, nirgends eine zerrissene abgesprengte Linie: wie mit runder, ruhiger Schrift hat die Natur hier mit bunten Lettern das Wort Frieden in die Welt geschrieben.

Meisterschaft des Überganges: das ist die Gewalt dieser Südtiroler Täler. Und nicht nur in der Struktur, in ihrem eigenen Leben ist der Wandel der Erscheinung bezwungen, auch der Umschwung der Jahreszeiten, der Himmel, unter dem sie ruhen, scheint gebändigt von ihrer beruhigenden Gewalt. Die Jahreszeiten, die vier feindlichen Schwestern, hier halten sie sich noch friedlich Hand an Hand, leise umwandelnd im Reigen. Sie stoßen sich nicht zornig weg, eine der anderen den Platz zu rauben, sondern geben sich wie einen bunten Ball diese Welt weiter im heiteren Spiel. So weiß ich's nicht zu sagen, ob jetzt noch Herbst ist oder Winter schon, fast vermeint man,

Höhe und Tiefe, Fels und Tal hätten sich hier geeint, beide gleichzeitig zu empfangen. Oben auf den Birnen glänzt schon der Schnee, auf wilden Stürmen sprengt der Winter durch die Tannen hin, indes unten das Tal in durchsonnter Luft golden funkelt und einen südlichen Sommer, eine ewige Jugend zu den grauen Felsen emporspiegelt. Und im Sommer wiederum, wenn der Juli im überhitzten Kessel der Tiefe brodelt, glänzt oben auf dem Vigiljoch und der Mendel ein heller Frühling durch die fast winterlich kühle, würzige Luft. So mildert hier immer die doppelte Welt das Übermaß der Jahreszeiten durch die nachbarliche Gegenwart der anderen, und selbst an einem einzigen Tage, im Kreise weniger Stunden, vermag man hier beide zu empfinden, den Winter am Morgen, den Frühling zu Mittag, wenn die Sonne den weißen Reif weggetrunken und ihre freundliche Wärme über das Tal gebreitet hat. Geschwisterlich sind hier die Jahreszeiten. Wie auf einem antiken Bild, geschmückt mit den bunten Allegorien der Früchte, wandeln sie dahin und verstatten das freundliche Wunder, ihnen vereint zu begegnen.

Dieses Wunder hat die Landschaft von Meran vollbracht dadurch, dass sie den Störenfried verbannte, den Wind. Denn der Wind ist es allein, der die Jahreszeiten gewaltsam trennt, der ihren ruhigen Reigen jäh auseinanderreißt. Wie oft hat man's im Norden erlebt; nachts haben die Fenster geklirrt, ein Heulen war in den Straßen, ein Schreien und ein Kampf, und erst am nächsten Morgen, wenn der Schnee weiß über den Dächern lag, wusste man's, der Herbst war entführt worden für ein ganzes langes Jahr, weggerissen von unsichtbaren Ketten. Und so gewalttätig stürzt der Sturm den Frühling wieder über den Winter und den Winter wieder über den Herbst. Mit einem Ruck reißt er den schlotternden Bäumen ihr gelbes Gewand ab und streut es in die Ferne, mit jähem Stoß schleudert er den Schnee von den Bergen, dass die Flüsse aufschäumen und rasend ins Tal rollen. Weggepeitscht in wildem Erschrecken entflieht vor ihm jede Jahreszeit, man erschrickt und staunt unvermutet über das neue Antlitz der Erde und ist befremdet, ehe man sich gewöhnt. Hier aber wehrt die Landschaft mit hohen Schultern seinem zornigen Ansturm. Nicht plötzlich ist der Übergang, sondern unmerklich zart, fast wie Musik. Jeden Tag spannt die Sonne jetzt etwas enger ihren Bogen, jede Nacht entsaugt der Frost den Blättern einen Tropfen grünen Blutes. Erst beginnen sie zu gilben, dann rosten sie zu einem bräunlichen Rot, dann erst schrumpfen und welken sie, um schließlich, wenn sie ganz schwach und müde sind, schläfrig vom Baum zu taumeln und auf die Erde zu sinken in sanftem kreisenden Flug. Aber sie wehen nicht fort, sondern sinken nur matt zu den Füßen und umscharen weich den entlaubten Stamm, als wollten sie mit ihrem welken Laub noch die Wurzeln für den neuen Frühling wärmen. Und so wie jedes einzelne Blatt hat auch die ganze Landschaft hier ihr volles Farbenspiel und verstattet, dass man den Herbst, den Winter nicht wie eine Überraschung empfinde, wie einen Überfall, sondern geruhig wie ein Schauspiel genieße. Frucht auf Frucht fällt hin, Farbe um Farbe lischt mählich aus, aber niemals legt sich der Schnee weiß und tot zwischen Welken und Blühen, und dem Absterben nähert sich schon der Neubeginn. Unentwegt hält der Efeu aber dazwischen überall seine grüne Wacht bis zum Frühjahr, da die Farben wieder zart einsetzen. Keine Pause ist hier im anregenden Spiel der Farben und des Lichts, nur Übergang, eine sanft anklingende und sanft wieder abschwellende Harmonie.

Dies ist das eine Geheimnis Meraner Schönheit, die Feindschaft mit dem Wind, und das zweite ihre rege Freundschaft mit der Sonne. Meran lebt vom Licht und man fühlt's nie stärker als an einem Regentag, wenn all ihre heiteren Züge wie in Tränen untergehen und die Ferne wolkig ihr Haupt verhüllt. Die Farben leuchten dann nur stumpf, wie durch eine Mattscheibe, die Menschen mit dem regen Bunt ihrer Gewandung verbergen sich in den Häusern, der Sinn der Stunden ist verwirkt, man findet seine innere Beziehung zu der gestern noch so nahen Schönheit nicht mehr. Meran lebt nur im Licht. Denn die Sonne hat hier eine seltsame, fast mythische Macht; sie zählt die Stunden, sie gliedert den Tag, sie nährt die Kranken mit Hoffnung und die Früchte mit heißem Blut. Erst wenn sie aufglänzt, beginnt der Tag, wenn sie niedersinkt, ist er vorbei. Mit glühendem Zirkel misst sie die Stunden zu, breiter im Sommer, enger im Winter, immer aber geregelt und genau, und jeder misst seine Zeit an ihr. Ist man ein wenig eingewohnt in Meran, so kann man bald die Uhr entbehren, denn die Rosawolke auf dem Berg, die vorauseilend die Sonne ankündigt, deutet eine bestimmte Stunde und wieder eine den Augenblick, wenn sie mit ihrem schrägen Strahl jetzt jenes Kirchendach erreicht, und jene wieder, wenn ihr Leuchten endlich bis in die Passer niederfunkelt. Und so wieder, wenn dieses Haus in Schatten sinkt und dann jenes: allmählich verwandeln sich dem wissenden Blick alle einzelnen Punkte der Landschaft zu Zahlen eines Ziffernblattes, an dem man das Steigen und Neigen der Stunde zu erkennen vermag. Eine ungeheure Sonnenuhr ist die ganze Landschaft, und diese sichtbare Regelmäßigkeit hat einen wundervollen Reiz für jeden, der schon dem heiligen Zeichen der Himmelsuhr sich entfremdet hat. Denn wir in den Städten spüren Morgen und Abend kaum anders als im Zimmerlicht, wir wissen, dass es Nacht wird, wenn uns die Zeile im Buch zerrinnt und wir das Licht zünden müssen, und vergessen ganz die spendende Kraft, der alles Licht entstammt und die dort so unablässig sinnlich gegenwärtig ist. Hier dämmert der Morgen nur müßig hin bis zum Augenblick, da sich die Sonne von den Bergen nieder ins Tal getastet hat. Dann erst wird sie wach, die Welt, mit einem Male sind Menschen auf den Straßen, Musik sammelt sie auf der Promenade und in den Gärten, denen das Licht mit raschem Finger die Feuchte des Frostes abstreift und die sommerlich plötzlich leuchten, als wollten sie noch einmal aufzublühen beginnen, mit Blumen und Früchten. Alles drängt sich heran, Sonne zu trinken, die ganze Stadt ist ihr gleichsam zugewandt, Südwärts halten die Häuser ihre Balkone und Terrassen entgegen, auf denen, großen Sonnenblumen nicht unähnlich, das Rund der Schirme über den Kranken wacht. Nur wenn die Sonne hier wach ist und nur solange sie das Tal mit ihren warmen Wellen badet, dauert hier der Tag. Goldene Kugeln, glühende und große im Sommer; mattblinkende und kleine im Winter, rollen diese Sonnenstunden von Berg zu Berg, das ganze Leben in vielfaches Spiegelbild einschließend, rollen es aus Nacht wieder in Nacht zurück. Sinkt die Sonne hinter dem Berg, so fällt die Dämmerung kühl und rasch wie ein feiner, grauer Aschenregen. Alles wird anders. Die Luft, die von der Sonne durchfiltert, weich und golden sich anfühlte, wird plötzlich schneekühl, die Farben erlöschen und die Menschen verschwinden. Immer ist hier in der Dämmerung eine viertel-, halbe Stunde gleichsam des Erschreckens, ein Niedersturz ins Dunkle, so plötzlich und überraschend, wie wenn man in einem Eisenbahnzuge aus dem Betrachten schöner, sonniger Landschaft plötzlich in einem Tunnel sich alles entrissen fühlt und mit befremdeten Augen in eine unerwartete Nacht starrt. Aber Beruhigung beginnt, sobald die Lichter in den Häusern zu funkeln anheben und, wohnt man auf der Höhe, so ist es unbeschreiblich schön zu sehen, wie das tiefe Tal nun von tausend Funken durchglüht ist. Ein Sternenreigen, flirren sie unten in der Tiefe, dazwischen die kleinen Monde der elektrischen Bogenlampen und matt glänzend in ihrer Mitte wie eine Milchstraße die schaumige Passer. Wie ein Spiegel hält unten der irdische Sternenhimmel dem Unendlichen sein Bild zurück, eine Welt ahmt die andere nach, und oben am Rande der Berge funkelt manches Licht der Höhe schon kühn in das Ewige hinein. Nun erst fühlt man in dieser Landschaft, deren heiterer Sonnenblick tagsüber nur Milde offenbart, die innere Strenge, nun erst in der immer tieferen Stille vernimmt man ihre Rede, das stürzende Brausen des Flusses. Sah man tags nur ihr Lächeln, nun hört man ihr Herz.

Diese wunderbare Gleichzeitigkeit aller Kontraste scheint mir das Liebenswerte der Meraner Welt, der ich mich verbunden fühle durch die Heimatlichkeit einer immer wieder erneuten Wahl. Nie wird es – ich fühle es immer mehr im Versuche – gelingen, ihre gastliche nachgiebige Schönheit jemandem zu erklären, der in der Schönheit immer nur das Sehenswürdige will, das sichtbar Besondere, die Sehenswürdigkeit, diesen Begriff der Eiligen und Unverständigen, die aus innerer Armut des Schauens Landschaften und Werke in der Presse des Ruhms zu Banknoten der Menschheit gestempelt haben. Die nicht ahnen, dass man mit einer Landschaft Freundschaft schließen kann, mit ihr Zwiesprache halten, dass man sich selber zu mäßigen vermag am bloßen Anblick ihrer Farben, und lernen an der Gelassenheit, mit der sie sich dem notwendigen Umschwung der Zeiten entgegenbietet. Nichts vermag solche Beruhigung zu erklären, die oft von einer einzigen Linie eines sanft sich niederneigenden Berges, von den klingenden Halden eines schön geschwungenen Berges einem bis ins Blut strömt und in weiterer Verwandlung selbst Entschlüsse und Gedanken freundlicher formt. Aber ich glaube, unbewusst bildet sich in den Jahren fast in jedem Menschen schließlich eine Vorliebe für eine bestimmte Gegend, die sicherlich mehr bedeutet als gemeine Zufriedenheit mit Wohnung und Klima. Man spürt, dass die Landschaft, die mit solcher Beharrlichkeit einen verlockt, doch des eigenen Charakters unruhige und fließende Form schon in festem, darum aber nicht regellosem Bilde innehabe und freut sich, seine eigene fließende Existenz irgendwo in ewigem Bilde versteinert zu sehen. So liebe ich diese Meraner Welt mit an den Jahren nur gesteigerter Sehnsucht, von ihr zu lernen, die notwendige innere Zwiespältigkeit des Lebens sich durch Harmonie zu lösen, und selbst hier in der Stadt, der himmellosen und bedrückten, ist es mir oft Beruhigung zu wissen, dass dort unten dieses Leben, in dem ich durch Liebe und Hingabe viel von mir gelassen habe, so heiter weiterblüht, wie vielleicht in mir selbst irgendein innerer Trieb unter aller Verwirrung und Geschäftigkeit. Fern von ihr spüre ich ihre ruhige Gelassenheit noch nachklingen in meinem Blut, und wenn hier die Stadt sich zusammenkrampft unter der Faust des Winters und im Nebel die Sterne erlöschen, mühe ich mich manchmal, zum Trost innen ihr Antlitz zu schauen, wie es jetzt unten im leisen Mittagslicht sich milde hineinlächelt in den Winter und mit Schnee auf den Firnen doch vom nahen Frühling träumt.

Schöner Morgen

/Bozner Berge/

Wie ich doch den Hauch der Frühe
Selig an den Lippen fühle!
Von den Wiesen weht der kühle
Duft mir Blumen an den Mund.

Berge reißen sich die schweren
Hüllen nieder, morgenhelle
Bäche spiegeln in der Welle
Einen Himmel klar wie sie.

Noch ist Sonne nicht im Tale,
Doch schon ahnt man ihre Nähe.
Wie ich in die Ferne spähe,
Blitzt ihr Blick schon auf dem Grat.

Über die noch stammen Weiten
Wirft sie leuchtend ihre Lanze.
Blut entflammt sich. Rings die ganze
Landschaft glüht in einem Brand.

Eine Kirche fühlt das Feuer
Auf dem Dache. Ihre Glocken
Werden glühend und frohlocken,
Und mein Herz klingt auf mit ihr.

Abendaquarelle aus Algier

Abend der Ankunft:

In sanfter Unrast schaukelt das Schiff in dem ungeheuren Blau, das allseits den Blick umfasst. In Himmel und Meer dunkelt nur diese eine ruhige Farbe: der kurze schäumend weiße Strich vielleicht noch, den der Kiel hinter sich wirft und der rasch wieder verlischt. Da dämmert in jenem schmalen fadendünnen Streif, wo die Luft das Wasser berührt, ein erster Farbton. Und plötzlich umfängt der Blick eine unendlich zarte, mit verlöschenden Nebelfarben hingestrichelte Silhouette, die durchschimmert wie durch eine Kulisse. Noch ganz unsicher ist sie, denn die Dämmerung überrieselt ihre Linien mit rosa Wellen und lauer Dunkelheit. Aber das Profil zeichnet sich schärfer, eine starke Kuppe bricht vor, die Höhe von Bouzareah, und schon glänzt hoch oben wie ein heller Stein die Kirche Notre-Dame d'Afrique. Und nun entfaltet sich rasch in grünen Frühlingsfarben der Bogen, in den Fächer der Farben schreiben sich neue, kühn geschwungene Linien: ein Hügel, durchglitzert von vielem weißen Glanz, die Höhen von Si Mustapha mit den Villen, hinter denen der Abend zu flammen beginnt. Und weit in der Ferne die granitfarbenen ernsten Umrisse großer Gebirgszüge. Und plötzlich – war es eine Wendung des Schiffes oder ein plötzlicher Strahl der sinkenden Sonne, der diese Flamme entzündet? – blitzt wie ein Opal, milchweiß und in allen Abendfarben funkelnd, ein lichter Fleck aus der grünen

Wölbung, die helle Stadt, «Alger la blanche». Eine einzige Farbe, ein scharfes, mit vielen Farben gesättigtes, fast schmerzhaft scharfes Weiß, ein ungeheuer vehementes Licht, wie ein Diamant durchsprüht von dem heißen Spiegeln der Scheiben, die das Sonnenlicht in tausend Splittern zurückschleudern. Rings mischen sich alle Farben zu dunkleren Tönen, die Hügel schwärzen sich, das Meer trübt sich in ein dämmerndes Grau, die hitzige Glut der Sonne brennt nur noch in orangenroter und gegen die Höhe des Himmels zu erblassender Tönung, die Dinge endlich haben jenes Fernewerden und Unsichersein des Abends, das Worte nicht recht klären können. Aber Algier bleibt weiß und blank, ob sich auch dieser Nebel in ein Gewirre von kleinen Häusern löst, die – eine weiße Treppe zur Kasbah, dem alten Nest der Korsaren aufsteigend – mit allen ihren Kalkfacetten das Licht grell von sich werfen. Und weiß wie Kerzen stehen die schmalen Minarette und die Türme der fernen Kirche im Abendfeuer, die ganze Stadt scheint, mit dem Kranz der Wälder in ihrem Haar, eine Marmorherme, einsam aus der Dämmerung verschlungener Gesträuche leuchtend. Und diese Farbe ist Algiers Zauber. Denn wie das Schiff nun in den Hafen lenkt und die Einzelheiten den Bann der Farben brechen, zersplittert dieser märchenhafte Glanz in elegante Hotels, moderne Kaibauten und vornehme Mietsgebäude, in die geschmackvolle Rampe einer Großstadt, wird unwirksam, etwa wie bei dem Bilde eines Pointillisten, von geringer Entfernung gesehen, Sonne und in breitem Strom ergossene Lichtflut kleine hässliche Farbenpunkte sind. Nur der Himmel, begabt mit jenem wunderbaren Zauber ewiger Ferne, gleitet mit seinem rötlich dunkelnden Saume langsam an dem erloschenen Schauspiel vorbei.

Abend im Araberviertel:

Empor durch ein Gassengewirre zur Kasbah. Zuerst sind die Gassen breit und eben, die Häuser stolz und vornehm. Dann scheint plötzlich eine Unrast in die Gebäude zu kommen. Sie rücken ängstlich zusammen, neigen sich zueinander, so ungleich und uneben sie sind. Und immer enger, je höher der Weg emporsteigt. Sie lehnen sich gegeneinander, umpressen sich, durchwinden sich, ein Gewirre von Gliedern, die bis zur Unkenntlichkeit sich ballen; Engpässe, Stiegen, Höhlen, Kreuzgänge und all dies doch systematisch emporgewühlt auf glitschigen Stufen gleich einem Maulwurfsbau. Wie Menschen sind die Gassen, Menschen, die in Armut und Angst zueinander flüchten, Aussätzige, Bettler und Kranke. Häuser gibt es da, die Gesichter haben: dies eine, mit trüben Fenstern und schiefer Haltung, ist es nicht des Blinden Bild, der dort an der Ecke steht? Und dies, ein brüchiger Bau, mit kranker Brust vorgebeugt, auf Krücken gestützt, der Lahme, der über den Markt humpelt? Und diese, mit fauligem Atem, zerfetztem Gewand, ängstlich in den Schatten gepresst, sind das nicht der Leute Bilder, die in ihnen leben? Denn die Araber Algiers, von Krankheit zerfressen, von Kultur verdorben, unedle Gestalten, die faul in den schmutzigen Kaffees sitzen oder wie Katzen zusammengerollt in ihren weißen Burnussen vor den Bädern in der Sonne liegen, sie sind nicht jene Wüstenjäger, wie man sie unwillkürlich seinen Büchern der Kindheit nachträumt. Nein, nein, das sind nicht jene Bronzegestalten, die auf den geschmeidigen Pferden die Wüste durchpfeilen, die stolzen Räuber und verwegenen Korsaren jener romantischen Erzählungen; diese Romantik bedarf großer Distanz, um Poesie zu sein.

Erst der Abend hat hier jene sanfte Gewalt, ein Harmonisches im Hässlichen aufklingen zu lassen: er löst Schmutz und Farbe in eine Dämmerung und löst das Grelle aus allen Bildern. Wenn die Gassen ganz abdunkeln, die Engpässe schwarze Schluchten werden, hinter denen ein Unbekanntes lauert, wenn der Wirbel der Gestalten verschwimmt und die Töne ferner werden, taucht eine graue dämmerige Schönheit in diese Gassen des Elends hinab. Steigt man aufwärts, so sieht man in die Werkstuben hinein, aus deren Dunkel sich unsicher das Schattenbild des Arbeiters schneidet, der mit seinem einfachen Werkzeug seine Arbeit schafft: der Goldarbeiter, der mit ganz feinem silbernen Schlag jene seltsamen Arabesken in die Klingen hämmert, der Weber, der das Schiffchen emsig schleudert, der Hufschmied, der im flackernden Licht, das rot die schwarzen Wände emporleckt, wuchtig das Eisen schlägt. Alle diese Bilder ruhen fest in dem dunklen Rahmen eines engen Ladens wie Sinnbilder des Lebens. Alle sind sie schlicht und gemahnen ganz an mittelalterliche Embleme der Zünfte in ihrer primitiven Art. Wie weiße große Vögel flattern fern Burnusse in dieses Gassengewirr, tauchen auf und versinken in dieser grauen Flut. Manchmal streifen auch Frauen vorbei mit ungemein behändem und vorsichtigem Gang, das Gesicht tief verschleiert; nur die Augen sieht man, meist umtrübt von den Falten des Elends. Und dieses Zufällige, Rasche und Unübersichtliche des Vorbeigleitens all dieser Gestalten, dieses fremde Leben in den schwarzen Irrgängen hat den mystischen Reiz des Unfassbaren, der gedämpft wird durch die stete Empfindung des Unglücks. Wie schwarze Raben stehen oder kauern die blinden Bettler an den Ecken: monoton, hundertmal und hundertmal, sagt einer, ohne Betonung und ohne Klage, unbekannte Worte ins Dunkel hinein. Nichts Entsetzlicheres kann man sich denken, als den Anblick dieser Menschen, die rastlos, ob die Straße von Lärm tobt oder einsam mit schwarzen Wänden träumt, fremde Worte eintönig wie Tropfenfall vor sich hinsagen. Eine finstere Weisheit ist so in der Araber Art: ihr ganzes Elend stellen sie auf die Straße, ihr Glück schließen sie sorglich ein. Denn nichts weiß man von all diesen Häusern, an denen man vorbeistreift. Alle sind sie fast fensterlos, mit kleinen verschlossenen Türen, Mauern nur um Armut oder Pracht. Alles Leben ist hier nach innen gewandt, aller Reichtum – wie in den Moscheen – in die Gemächer geballt; auf den flachen Dächern, unsichtbar für den Vorbeischreitenden, trinken die Frauen jetzt vielleicht die kühle Abendluft und schauen auf zu dem ungeheuren Sternenbogen des Himmels, der hier nur in kleinen Splittern zwischen den Häusern glänzt – die Wand des Hauses ist blind und dunkel und verrät nichts vom Leben in seinem Umkreis. Sie schläft in Dämmerung wie in einem Grabe, an dem die Auferstehung vorüberschreitet: denn das Mondlicht, das in einer unendlich weißen Flut die Dächer badet, schreibt nur einen ganz dünnen Streif hoch oben hin. Und die Sonne zittert nur in leisen Wellen am First, nichts wagt das Dunkel zu stören, das sich in diese Gassen gleichsam eingefressen hat. Wie eine Erlösung ist es, wenn man plötzlich an dem freien Platz vor der Kasbah angelangt ist und nun das rosige Abendspiel der sinkenden Sonne die Stadt umzittern sieht, und dann, herabschauend von der Zinne des alten Räubernestes, den hellen Widerglanz golddurchwirkter Wolken tief unten im Hafen schaut, wenn man mit einem Male alle lichten Töne der Dämmerung spürt, nachdem man nur durch die Trübe sonnenblinder Gassen ging. Langsam hüllt dann die Nacht die weiße Stadt wieder in ihren Nebel ein. Noch dunkler werden die Gassen und ein eigenes Leben beginnt hinter den verschlossenen Türen: das eintönige Singen der Tänzerinnen hebt an, jene endlosen monotonen arabischen Melodien, der gleichmäßige dumpfe Beckenschlag und manchmal noch das melancholische Getön einer Flöte. Aus den vergitterten Türen spähen geschminkte Gesichter, hie und da fällt ein grelles Lachen aus den Häusern heraus in die schwarze Stille. Schreckhaft beginnt nun das Höhlengewirr zu werden, das mit trotziger Stummheit ein vielfältiges und wildes Leben in Dunkelheit verschließt, das zu schlafen scheint und doch wacht und lauert. Und wenn man dann nach kurzer Wanderung vor dem Hafen steht, der in erzenem Glanz ruht, still und friedlich mit dem farbigen Schein seiner Lichter, fühlt man sich wie in einer anderen Welt, fühlt, dass es eine sanfte Dunkelheit gibt, ebenso wie eine böse geheimnisvoll drohende und gefährliche. Und mit wunderbarer Empfindung trinkt man, nachdem man so lange durch Stickluft gegangen, den starken Atem des nächtigen Meeres.

Abend in Si Mustapha:

Ein schwerer Sturm ist heute über die Stadt gegangen. Noch umfalten dicke Regenwolken die abendliche Ferne, aber der Wind greift ungestüm nach ihnen. Und nun, wie sie sich lösen, glänzt plötzlich eine neue Farbe in dem gewohnten Bild: wie mit Kreide sind die Linien der weiten Bergketten nachgezeichnet, Schneefelder flimmern nieder in Frühlingsland, eine Dolomitenlandschaft in Afrika. Die Luft hat jene unbeschreibliche Reinheit nach dem Regen, die alle Dinge heranrücken lässt; heute ist im Anblick Algiers nicht nur Farbe, sondern auch scharfe Linie, nicht nur weißer Dämmer ist die Stadt, sondern eine Fülle kleiner Silhouetten. Von Si Mustapha, der Villenstadt, die Algier gegenüber ruht, führt ein wunderbarer Weg zum Meere hinab, und nirgends fühlte man die Vielfältigkeit des abendlichen Bildes besser, als von diesen vielen Serpentinen. Ganz von hoch oben noch sieht man jede Einzelheit: den Wimpel der Schiffe im Hafen, die zackige Rampe des Minaretts, das Hafenkastell des Räubers Barbarossa, und mit unzähligen

Variationen die Fächer einsamer Palmen, die schwarzen Schwerter hoher Zypressen drüben am Hügelsaume. In eigenartigem Spiele geht der Weg dann nieder; bald fangen hohe Alleen den Blick ein, der die Ferne sucht, bald breite Platanengruppen und bald wieder diese Villen, die in einem Netz exotischer Gärten ruhen. Fast alle sind sie im maurischen Stil, blinkend weiß, in runden Linien gebaut und mit Arabesken geziert, flammend gleichsam in dem schweren Grün des Teppichs vor ihren Füßen. In ihrem Schatten verweilend, vergisst man, wie rasch der Abend sinkt. Und fühlt es dann mit jäher Entzückung im nächsten Augenblick, wo sich die Serpentine des Weges zur Terrasse weitet und plötzlich die Landschaft im Feuer des Abends brennt. Unvergesslich ist dieses Profil: Der Bergabhang von Bouzareah eine schwarze Linie, eingeschnitten in einen granatapfelfarbenen und mählich erblassenden Himmel, die blaue Riesenmuschel des Meeres und Algier die weiße Perle darin. Und man legt gern einen Sinn in die weißen ansteigenden Riesenterrassen dieser Stadt, träumend, dass sie ein Amphitheater sei, hingebaut an diese herrliche Stelle, um das wunderbare Schauspiel blauenden Meeres und ewigen Frühlings zu beschauen und um ihr weißes Antlitz wollüstig in dem Azur des Hafens zu spiegeln.

Nächte am Comersee

Von diesen Nächten, den sternelichtklaren
– Herz mit deinem ruhlosen Schritt! –
Was nimmst du von diesen wunderbaren
Nächten auf deine Wege mit?

Was du empfandest, wenn rings in der Schale
Des Teiches ein Silber hochüberschwoll
Und tief bis in die ruhenden Tale
Ein Strom von zitternden Sternen quoll?

Kann das verschatten, wie über dem Hügel
Weiße Blende in Nacht verging,
Wenn sich bläulich der eilende Flügel
Einer Wolke dem Mond umhing?

Kann das verwehn, wie die schweigsamen stillen
Blumen, die ihr heißes Gebet
Über die kunstvollen Türen der Villen
An dein atmendes Herz geweht?

Kann das verzittern, wie – leiser und blasser,
Eine sinkende Perlenschnur –
Mondglanz über das Wiegen der Wasser
Hinrann ins Dunkel und ohne Spur?

Bleibt dir denn nichts vom Raunen der schwanken
Zypressen hart an dem Ufergang
Und dort von all den Träumergedanken,
Eine Runde lang, eine Stunde lang?

Vielleicht nur ein Vers vom Wiegen des Windes
Und blinde Sehnsucht zurück in die Zeit,
Wie Duft gelöst in ein wehendes lindes
Gefühl unsagbarer Zärtlichkeit.

Frühlingsfahrt durch die Provence

Abends noch in Paris. Ein letzter Gang über die Boulevards: die Bäume sind kahl und grau, an manchen hängt noch, ganz schwach und zitternd, ein letztes falbes Blatt, das der Herbstwind zu nehmen vergessen. Mild und klar ist der Abend, aber – Du fühlst es – es fehlt ihm die Frische, der Duft. Es ist trotz Schnee und Stürmen abgelebte Luft; schmacklos und leer, denn sie hat nicht jenes Quellen der aufbrechenden Erde, wenn sie die Sonne fühlt, nicht den Pollenduft der vielen werdenden Blüten. Wochen und Wochen noch ist es bis zum Frühling. Nachts dann im Zuge. Durch Stunden nur Dunkelheit und das Gestampf der Räder durch unbekanntes Land. Morgens, ganz früh, wenn das Morgenrot noch wie ein ungeheurer Brand am Horizonte flammt, siehst Du hinaus. Leer liegen die Felder, brandrot und erdig, unbelaubt stehen die Bäume. Aber doch ist etwas in der Landschaft – Du weißt es nicht zu sagen, was es ist – das schon vom Frühling spricht, eine Ahnung, dass die Blüten schon ganz nahe am Bast pochen, dass die Saat schon mit den unterirdischen Halmen die letzte Schichte der Erde berührt. Das Zittern der Äste im Wind scheint Dir halb noch Bitte und halb schon erfüllte Seligkeit. Und hier – ja hier, sieh es nur, hier ist schon ein erstes Grün, das die Erde umflicht, ein helles, unsäglich zartes Grün. Und mehr und mehr: zwischen den leeren Bäumen hie und da solche, an denen schon die kleinen Schösslinge sprießen, manche schon mit großen, leuchtenden Blüten. Und immer mehr und mehr! Jenen wundervollen Augenblick eines vielfältigen Geschehens fühlst Du, jene Tage und Wochen, in denen ein Frühling wird, zusammengepresst in eine prächtige Stunde. Denn immer lebendiger wird das Bild, farbig belebt nun durch die ersten immergrünen Bäume, durch das steigende Licht, durch Wärme und Sonnenfeuer. Und mit dem Morgen bist Du in des Frühlings Land.

Hat der Frühling ein schöneres Land als die Provence? Kaum lässt es sich denken, wenn man sieht, wie in den Rahmen der Fensterscheibe sich in buntem Wechsel die blühenden Bilder stellen. Und denke der provenzalischen Lieder. Ist denn das nicht unendlich frühlingshaft, dieses zarte Minnen der Ritter um die geliebte Dame, die Pagenlieder und Aventiuren, dieser Eindruck, den wir aus Lied und Geschichte von dem blühenden Lande haben? Und so wunderbar eint sich dies alles: kaum staunte man, würde man auf weißem Zelter einen schmucken Ritter durch diese milde, sonnige Landschaft traben sehen. Er ist hier sanft und doch groß, der Frühling, groß auch ohne jenes ungeheure Geschehen seiner Leidenschaft, ohne den Mistral, jenen fruchtbaren Föhn, der im Lande wühlt, der wie Fieber in das Blut schießt und wie Gottes Zorn in den Bäumen wettert. Norden und Süden einen sich hier wie in flüchtigem Kuss. Neben den immergrünen Sträuchern und Bäumen, die ohne Blüte und Frucht nur als Wächter der Schönheit im Lande warten, stehen friedlich jene Kulturen des Nordens, manche noch nackt und frierend, manche in dünnem Farbenflor. Und so weiß der Frühling hier doch noch zu beglücken, so gütig dem Anblicke auch der Winter ist.

Helle, freundliche Städte, Valence, Nîmes, Orange, in welcher wollte man nicht rasten? Aber der Zug wettert und eilt. Doch hier musst Du bleiben, in dieser Stadt, die so wunderbar weiß leuchtet wie ein Traumschloss, die so breit und groß sich um die Rhône schmiegt, in Avignon, der Stadt der Päpste. Linien, wie mit lässiger Künstlerhand in das weite Gelände eingezeichnet, fesseln Deinen Blick: die weißen Straßen, flimmernder, glühender Kalk, und dazwischen jener blaue, flutende Streifen des Stromes. Zweimal durchquert, einmal von der weißen Brücke, das andere Mal von den Überresten jenes stolzen Bogens, mit dem Papst Bénézet die Umschließung der Stadt vollkommen zu machen hoffte. Ein herrlicher düsterer Anblick muss sie an Herbsttagen sein. diese hohe, herrische Papstburg, die wie ein geharnischtes Haupt hoch über der niederen Stadt droht, und die Festungswälle, mit denen diese Gewaltigen gleichsam wie mit gespreiteten, geschienten Armen den ganzen Umkreis festhielten. Aber der Frühling nimmt sacht alles Tragische dieser Zwingburg: weiß glänzen ihre Kalkmauern ins Land, scharf in den tiefblauen Himmel eingeschnitten, ein edler Anblick ohne Strenge. Wer denkt an die Folterkammern, wer will sich daran erinnern, dass von jenem viereckigen Turme im Revolutionsjahre die Opfer in die entsetzliche Tiefe hinabgeschleudert wurden, wer will sich dessen entsinnen, wenn die Sonne so sanft und zärtlich ist? Jetzt sind grüne Gärten mit schönen Gängen zwischen den herben Mauern, und von blühenden Terrassen sieht man in das Land hinab. Und Frühling, Frühling überall.

Weiter mit dem eilenden Zuge. Vorbei an kleinen, reizenden Städtchen, vorbei an Tarascon – bonjour, monsieur Tartarin! – vorbei, vorbei. Aber noch einmal kurze Rast. Wie kann man den Frühling verstehen ohne schöne Frauen? In Arles, der Stadt der berühmten Arlesierinnen, musst Du ein paar Stunden noch verweilen. Aus Schutt und kleinen, winkeligen Häusern ragen majestätisch die Überreste römischer Zeit, das ungeheure Amphitheater und die Arena. Und ein schattiger, schmaler Gang, seltsam eingefasst von schlichten Urnen und offenen Steinsärgen, führt aus lichtem Land in die berühmte Gräberstadt, die Alyscamps, deren Dante in seiner «Divina commedia» schon Erwähnung getan, in jenes unendliche Feld der Toten. Und doch, heute ist es ein Gang nur zwischen knospenden Bäumen; das sanfte Hüftewiegen der paar Arlesierinnen, die Dir begegnen, rührt mehr an Dein Herz als diese wuchtige Mahnung der Vergänglichkeit, Frühlingsglaube, Frühlingsfahrt.

Und wieder weiter. Nicht allzu groß ist dieses Land der lichten Felder und des hellen Frühlings, bald ist die Provence durchmessen. Noch im Abendglühen kannst Du Marseille finden, den Port des Orients mit den unzähligen Hafengassen und dem breitausladenden, weißschimmernden Quai. Die Frühlingssehnsucht ist nun still geworden, von tausend kleinen und großen Wundern begütigt. Aber neues Bangen kommt Dich an: zu welcher Schönheit sich wenden von diesem Orte, der, ein magischer Knoten, bunte Fäden wechselnder Wege in sich verspinnt? Links, zwei Stunden weit, reiht sich die Perlenkette der Riviera, rechts winkt Spanien wie ein Märchen geheimnisvoll und fremd. Und gegenüber, weit hinter dem Meere, das blau und still sich zu Füßen der Stadt legt wie ein Seidentuch, das schmiegsam die Knie streift, weit hinter diesen Wellen, die nur wie im Traum sich wiegen, blüht die dunkle, ferne Blume Afrika …

Sonnenaufgang in Venedig

Erwachende Glocken. – In allen Kanälen
Flackt erst ein Schimmer, noch zitternd und matt,
Und aus dem träumenden Dunkel schälen
Sich schleiernd die Linien der ewigen Stadt.

Sanft füllt sich der Himmel mit Farben und Klängen,
Fernsilbern sind die Lagunen erhellt. –
Die Glöckner läuten mit brennenden Strängen,
Als rissen sie selbst den Tag in die Welt.

Und nun das erste flutende Dämmern!
Wie Flaum von schwebenden Wolken rollt,
Spannt sich von Turm zu Türmen das Hämmern
Der Glocken, ein Netz von bebendem Gold.

Und schneller und heller. Ganz ungeheuer
Bläht sich das Dämmern. – Da bauscht es und birst,
Und Sonne stürzt wie fressendes Feuer
Gierig sich weiter von First zu First.

Der Morgen taut nieder in goldenen Flocken
Und alle Dächer sind Glorie und Glast,
Und nun erst halten die ruhlosen Glocken
Auf ihren strahlenden Türmen Rast.

Hydepark

Der Hydepark Londons, wohl der seltsamste aller Großstadtparke, ist im eigentlichen Sinne nicht schön. Ihm fehlt fast alles, was den Garten zum Kunstwerk macht. Er ist flach, arm, eine englische Heide, nur an den Pforten ein wenig als Garten hergerichtet. Aber seine Schönheit liegt nicht so sehr im Sinnfälligen, als im Sinnhaften. Da gibt es zum Beispiel ein paar Stellen, auf denen man ganz ausruht. Man steht auf einer weiten Wiese, die sich ins Unendliche beugt, ein grüner stiller Teich, auf dem die Bäume, von der leisen Brise angerührt, wie verankerte Schiffe ganz, ganz sacht schaukeln. Rechts, links ein paar unregelmäßige Alleen, deren Ende nicht Ausblick ist, sondern die sanft in die graue Kulisse des Nebels zurücktreten. Atmende Stille, kaum ab und zu ein paar Leute. Nur weidende Hammelherden, die käuend das Gras rupfen. Man vergisst für den Augenblick an alles, so still ist es rings. Wo mag man sein? Ist dies die Lüneburger Heide, die vielberühmte? Oder Cornwall, Herrn Tristans dunkles Land, und wird nicht plötzlich die traurige Weise des Schäfers anheben? Wuchtig packt einen dann der Gedanke an, dass diese grauen Ballen am Rand, dass diese weichen Grenzen der Ferne ungeheure Häuserblöcke sind, dass diese weite stille Heide rechts und links von Städten umgürtet ist, jede so groß wie Mailand oder Lyon oder Marseille. Von diesen Riesenstädten, die alle in die zwei Silben London eingeschlossen sind. Die fiebernde Vision Verhaerens der «villes tentaculaires», der Städte, die mit den Polypenarmen das Grün des Landes aufsaugen und die Heiden in die graue Gallert ihrer Steinmassen ziehen, dieser wilde Traum ist ja hier in dieser zyklopischen Stadt Wirklichkeit geworden. Tausend Schilfe auf verlorenen Meeren dampfen ihr zu, Millionen rühren ihre Hände für sie, unter der Erde fliegt die Hast unterirdischer Bahnen, über die Dächer stürmen Züge, jedes Jahr speit neue Häuser ins Grüne aus – und mitten darin ruht weit, wie träumend, eine Heide mit blökenden Schafen, einem stillen, ruhigen Himmel für sich, zu dem nicht mehr der keuchende Atem der Tausende quillt. Wie Londons Schönheit, so liegt die des Hydeparks in dem unfassbar Überdimensionalen.

Nein – Hydepark bezwingt nicht auf den ersten Blick. Es ist nicht englische Art, sich dem Fremden vorschnell zu vertrauen, nicht die Art der Menschen, nicht die der Landschaft. Hat man sich ihr erst mit Liebe genähert, so sieht man, wie viel heimliche Eigenart in der eintönigen Armut der Heide ist. Die Gräser haben hier einen ganz unvergleichlich weichen, vorfrühlingshaften Farbton, die Blätter, die sich nur schmal entfalten, ein helles und wie von Silber durchwirktes Leuchten. Und dann ist ja diese Landschaft unter die Mattscheibe des englischen Himmels gestellt, der alle Lichtwerte linder tönt und mit seinem ewigen Schleierspiele alle Heimlichkeiten des clair-obscur entfaltet. Der Äther ist hier ein kühles, fast bleiernes Blau, sofern nicht Wolken es überjagen, Sonnenschein, nicht wie in Italien ein weißglühendes Lichtbündel, das so grell auf die Steine brennt, dass sie erschreckt und geblendet die Glut zurückwerfen, sondern nur ein flauer, fließender Schimmer, den rasch das Schmetterlingsnetz einer fliegenden Wolke fängt. Und Schatten, das ist nicht Kühle, schwarzes Versteck, scharfe Kontur, sondern ein graues Gerinnsel hin über das Gras. Bildhaft gesprochen hat der Hydepark in seinen hellen Stunden die vorsichtig zarten Farben der Präraffaeliten, um dann mit der Neige des Abends in die mystischen Dämpfe Carrières zu tauchen. Und seltsam färbt hier auch die Luft, die Klang, Licht, Kolorit und den tastenden Blick gleich unwillig trägt, diese schwere, vom Salz des Meeres satte, vom Nebel gegilbte, vom Rauch zahlloser Schornsteine grau getönte Londoner Atmosphäre. Sie verschleiert die Formen, macht sie rund und trüb, die Ferne lässt sie unsicher werden und vorzeitig biegt sie den nahen Himmel in die verschattenden Konturen des Horizontes hinab. Zwischen den Bäumen lässt sie am Mittag einen feinen blauen Nebel geistern wie den kräuselnden Rauch von Zigaretten; und abends dunkelt aschgrauer Dunst alles zusammen, Nibelheim öffnet sein finsteres Tor. Eine graue Wolke liegt dann über Stadt und Heide, die lange Wochen die Menschen vergessen lässt, dass am Himmelsbogen ein ewiger Reigen zitternder Sterne glänzt. Aber dafür zeichnet sie tagsüber wunderbare Rauchbilder an des Blickes Rand; Fabriken und Zinshäuser locken in diesem grauzitternden Schattenriss verklärt wie die sagenhaften Schlösser des heiligen Gral, alle Nuancen des Halbdunkels mildern die herben und unschönen Formen der Wirklichkeit.

Aber all dies machte diesen Park der Liebe noch nicht wert. Denn diese Schönheit ist nur die aller Dinge, die frei und rein unter dem Himmel liegen und gewissermaßen näher dessen geheimen Quellen, aus denen Licht und Schatten, das Gold der Sonne und der Qualm des Nebels strömen. Das ist nur die Schönheit eines Stückes englischen Heidelandes. Aber eben: der Hydepark ist Heideland inmitten der Stadt, er ist nicht so sehr selbst ein Schauspiel, sondern teils Bühne, darauf sich ein eigenartiges Leben abrollt, teils das Parkett der ruhigen Betrachter. Seine eigentlichste Schönheit ist die der Menschen, die ihn beleben, dieser wunderbaren Rasse, die sich nicht schon in der leichten Anmut der Grazie, sondern erst in der kraftvollen Erregung, in Sport und Spiel ganz gibt. Und so wie man die Engländer nicht im Gespräch schon liebt, sondern erst im Verkehr, so liebt man ihre Schönheit nicht im leichten Gang, sondern in alledem, was sich hier entfaltet, im Lauf, im Sprung, im Sattel, im Boot, im Bad, im Spiel, in ihrer wunderbaren, wohltemperierten Kraft. Und der Hydepark hat ihr ganzes Leben, soweit es sich nicht innerhalb der vier Wände abspielt. Denn die Straße ist in London ganz vom Geschäft beschlagnahmt, sie hat nicht Raum für die Schaustellungen der Flaneurs, für die abenteuernde Faulenzerei der gelassenen Selbstgefälligkeit. Darum flüchtet alles, was Genuss im Anblick oder in der Bewegung selbst begehrt, in den Park, der, seine grünen Arme unendlich ausgebreitet, alle aufnimmt. So strömt Abwechslung in seine träumerische Ruhe, und doch ist wieder Gleichtakt in diesen Schauspielen: er hat sie regelmäßig wie Geschäftsstunden von Tag zu Tag, als wären sie sein «business», seine Beschäftigung.

Früh beginnt dieses Leben. Ganz früh. Oft schweben noch Dunstwolken über den Himmel und die Bäume sind wie mit Watte geflockt. Da sausen ein paar Bicycles zum Teich hin, der glatt und unbewegt zu warten scheint, und Burschen, Arbeiter, Schuljungen sammeln sich am Ufer. Flink sind die Kleider abgestreift und in den Sand geworfen, und die nackten Körper stoßen sich durch die Flut mit kräftigen Stößen vorwärts. Und dann stürmen sie über das Gras hin, turnen, boxen, lassen Sonne über die tauglänzenden nackten Körper rinnen, all dies ohne Aufsicht, ohne Taxen, ganz in einer freien Natur, die in die Ferne verhangen ist wie ein Märchenwald. Ein wunderbarer Augenblick Natur innerhalb einer Großstadt, wie man ihn anderswo kaum noch findet, ein helles, unvergessliches Bild ist das, eines der schönsten Erlebnisse in London. Und dann – um 8 Uhr ist alles vorbei und das freie Baden wieder bis zum Abend verboten. Aber andere schön bewegte Bilder stellen sich rasch in den Rahmen des erwachenden Parks. Ruderer schnellen, den Körper in raschem Rhythmus gebeugt und wieder gestreckt, schmale Boote über den See, dass sie wie flirrend fliegen, ein lautloser Pfeil, nur das Ruder knattert im regelmäßigen Rückglätten über das Wasser. Und dann die ersten Reiter auf diesen prachtvollen englischen Pferden, die im Galopp durch die Alleen sprengen, die Menschengestalten von der gleichen stählernen Rasse wie die Pferde, die hier, wollüstig und von der eigenen Kraft berauscht, hinwettern, von Schaum bis an die Kruppe besprengt. So geht der Vormittag rasch hin, bis die Sonne wärmer über den Blättern zittert, ein schillernder Dunst über die Heide quillt. Dann kommt noch jene eine Stunde der Ruhe, die über allen Gärten zu Mittag liegt, jener Augenblick, wo er nur selbst zu atmen scheint mit seinen Blumen und Gräsern, die gierig sich aufspreizen, um Sonne zu trinken. Die Menschen, die diese Stunde beherbergt, sind stumm: Faulenzer liegen im Gras, wie von den Bäumen gefallene schwere Frucht, auf den Bänken räkeln sich zeitunglesend ein paar überflüssige Leute. Alles scheint auf einen großen Augenblick zu warten. Und der kommt bald. Die Kinder, die die Wiesen nach Tisch durchstürmen, die Mädchen, die mit ganz jugendlicher Kraft einander aus schmalen Gelenken den Ball zuschleudern, die Burschen, die wild über die Flächen rennen, die Nachmittagswanderer mit Büchern und Blättern, das ist alles nur Vorspiel. Aber gegen vier Uhr beginnt, von Piccadilly her kommend, beim Hydepark-Corner jener lange Wagenzug, jene Schaustellung von Londons Reichtum, Eleganz und Schönheit, eines jener Schauspiele, wie sie nur die Städte mit alter eingewurzelter Kultur haben, vielleicht Wien allein an den Maitagen im Prater und Madrid im Buena Retiro. Was einen hier so überrascht, ist die Fülle und Verschiedenheit der Wagentypen. Während in Wien der leichtfedernde Fiaker vorherrscht und in Madrid der schwere Ochsentrott der gravitätischen Staatskarossen, fließen hier alle möglichen Formen zusammen, schon dem Laien ein äußerst anziehender Anblick. Da gibt es schwere Equipagen, die aus alten Stahlstichen geschnitten zu sein scheinen, so ungelenk und feierlich sind sie mit ihren gepuderten Lakaien, und dann flirren wieder ganz leichte Zweiräder vorbei, Automobile surren dazwischen: alle Takte klingen zusammen, vom verhaltenen Schritt, in dem die feurigen Pferde zu fiebern scheinen, bis zu dem alle anderen Wagen heftig überkreuzenden Eiltempo, mit dem ein geschulter Sportsmann seine Traber durch die Masse jagt. Besonders aber fesselt einen das merkwürdige Format der spezifisch Londoner «Hansoms», die durch die leise, geräuschlos gleitende Bewegung und die dem schwarzen Kasten übergebeugte Gestalt des Lenkers irgendwie an den Wiegegang der Gondeln Venedigs erinnern. Und dann diese Fülle schöner und schön gerahmter Menschenbilder in Ruhe und Bewegung, die betrachtend zurückgelehnten Frauen, die kerzengrad aufrechten Lenker, die wie erfrorenen Gestalten der Diener, die neugierigen Kinder und rings – in einem ungeheuren Umkreis auf Stühlen – das wohlwollende Publikum, für das dieses Schauspiel gespielt zu werden scheint. Eine wandelnde Fülle von Glanz, Farbe und rascher Bewegung, ungeordnet und doch nicht unruhig, unablässig erregt und doch nicht laut. Denn das ist jene eigene Energie des Landes, dass sie selbst die lebhaftesten Anspannungen leise macht, dass jenes Riesengetriebe der Stadt auf den Schienen der Ordnung läuft, dass jene Stille atmet wie in den ganz großen Maschinenhäusern, die Umwechslung ungeheuerster Kraft auf geölten Rädern lautlos geschehen lassen. Und diese Bezwungenheit scheint hier schon vererbt zu werden, denn selbst die

Kinder – diese entzückend altklug-stillen Kinder – haben nur stummes Interesse für das bunte Spiel, das da durch Stunden auf und nieder rinnt bis in den Abend hinein. Aber noch ruht der Park nicht. Während hier die Flut langsam versickert, stauen sich am anderen Ende bei Marble-Arch gänzlich anders geartete Massen. Improvisierte Rednertribünen sind dort errichtet – jeder hat das Recht, über ein beliebiges Thema zu sprechen – und da es in England an Sektierern nie fehlte, sieht man dort seltsame Gestalten, oft verlottert und schmutzig, ihre Ansichten unter freiem Himmel vor den willigen Zuhörern entwickeln. Ungewählte Volkstribunen, Agitatoren der verschiedensten Ideen, sprechen sie im flackernden Licht einer Kerze, auf irgendeinen Schemel gestellt, fanatisch auf die Leute und über sie hinaus ins Dunkel hinein, das schon drohend aus den Baumkronen zu sinken scheint. Religiöse Vereine sammeln Gläubige um sich und intonieren fromme Gesänge, die machtvoll über die erlöschende Heide wehen. Noch einmal reckt sich hier das von der Arbeit erlöste Leben empor, um Glut von seiner überhitzten Wärme zu entzünden, und wilde Worte flattern auf, wie drüben die pfeilgeschwinden Wagen durch das Getümmel liefen, vorbei und schon wieder verloren. Und dann, wenn über der Heide das Gespinst von Nebel und Mondlicht hängt, dann summt noch eines auf, das abendliche Finale aller Parke: die Liebe. Verschlungene Paare gleiten ins Dunkel hinein, Flüstern zittert aus tausend Verstecken, der Schatten scheint sich zu beleben und im Vorüberschreiten sieht man das oft verwegene Spiel der «ombres chinoises». In einem Mollakkord schließt die verschlungene Melodie.

So lebt der Park Tag für Tag regelmäßig wie ein englischer Geschäftsmann, der seine Stunden besonnen zählt und wertet. Und wie jeder Engländer hat er seinen Sonntag, an welchem er sich das reichbestickte Feiertagskleid vieler

Menschen anlegt. Da promeniert nach der Frühmesse in der «church-parade» Englands vornehme Gesellschaft in der großen Allee, wo sonst die Wagen sausen, und wer es liebt, auch ein gleichgültiges Gesicht in die Hülse eines Namens gesteckt zu wissen, kann sich von einem gütigen Freund alle möglichen Earls und Counts zeigen lassen, die da in unheimlicher Korrektheit mit Kind und Kegel auf- und abschreiten. Und nachmittags beherbergt Hydepark die Massen, lockt sie mit blühendem Grün und heiterer Musik in seine Tore. Aber was so eigen ist in diesem Parke: er schluckt alle Massen restlos auf. Es wird keine Fülle, nicht wie in Berlin der Grunewald ein einziger Vespertisch, nicht wie in Wien beim Heimgang aus dem Prater ein flutendes Menschenheer, gehüllt in eine fast alttestamentarische Staubsäule. Hydepark zerbricht, zerschlägt irgendwie alle Massen. Ich habe das bei der großen Arbeiterdemonstration so ganz gefühlt. In den Straßen war es ein endloser Gang, ein flatterndes Heer von Fahnen, ein Qualm von rotem Licht, ein rastloses Gehen, unendliche Flut. Und dann im Parke, da schmolz alles in einen runden Kreis, und rings lagen weite Flächen, die von all dem nichts wussten, und wo die eingehürdeten Lämmer friedlich weideten. Denn das ist das Seltsame an diesem Parke, dass er unübersichtlich ist. Ein Teil weiß vom andern nichts. Selbst die große «Rotten Row» biegt mehrmals um und läuft nicht wie unsere Praterallee, ein eleganter scharfer Kreidestrich, klar durch das Grün. Nie hat man den Hydepark ganz – nie, wie London selbst. Man kann nicht wie in Paris, wenn man von Sacré-Cœur den Montmartre hinab, an den großen Boulevards vorbei über den Boulevard d'Opéra und über die Seine zum Panthéon oder Luxembourg fährt, sagen, dass man eigentlich schon alles gesehen hat. Nie hat man hier auf einmal die Essenz, nicht in London, nicht im Hydepark. Nach und nach muss man sich an die Dimensionen und die entlegene Fülle gewöhnen, wie Gulliver in der Riesen Land an die ungefüge Größe. Er gibt zu viel an alle und an den einzelnen zu wenig.

Und vor allem: der Hydepark gibt eigentlich nichts, man muss ihm alles bringen. Er ist kein Park, wo Träume aufwachen und in den Hecken unvergessliche Erinnerungen wie geheimnisvolle Prinzessinnen warten. Kein Dichter hat ihn, glaube ich, je besungen, denn keinem hat er mit all seiner Fülle etwas gegeben. Er ist nicht wie jene kleinen Parke, in denen sich jede Stunde unvergesslich in das Buch der Erinnerungen einschreibt, nicht wie jener schmucke Park Monceau, den die Pariser so gern den «parc des amoureux» nennen, wo die weißen Statuetten der Dichter dankbar aus dem tiefen, wohlgepflegten Grün glänzen, nicht wie jener kleine «giardino Giusti» in Verona, wo schwarze Zypressen riesenhaft wie finstere Gedanken den Sinn umfassen, nicht wie jener helle kleine Garten der Päpste hoch auf der Burg in Avignon, wo wilde Schwäne auf einem blauen Teich zittern und unvergesslicher Ausblick ins provenzalische Land einen erwartet. Er schenkt keine Erinnerung, wie jener wundere bare Ulmengang, der zur Alhambra führt, nicht die exotischen Träume, wie in den königlichen Gärten in Sevilla, und nicht wie Schönbrunn an einem sonnigen Septembertag, wenn es goldenes Laub über die Wege schüttet und irgendwie an eine leise Heiterkeit des Lebens noch im Sterben mahnt. Nein – Hydepark lockt nicht zu Träumen, er lockt zum Leben, zu Sport, Eleganz, freier Bewegung. Wäre er nur zu diesen sanften, hindämmernden Träumen und nicht auch nützlich, längst hätte man ihn hierzulande mit Häusern bespickt, mit Bahnen durchschnürt, mit Lärm durchschüttert. Hier liebt man nur Träume, die bald Wirklichkeit werden. Und Englands wahrer Traum heißt nicht Hydepark, sondern immer noch Italien.

Stille Insel

/Bretagne/

Glocken über die Fluten
Hör ich vom Lande wehn
Und kann schon die Konturen
Der runden Türme nicht mehr sehn.

Die Nacht, das Meer, zwei blaue Bänder
Durchstickt mit Sternengold,
Haben die Ränder
Der Insel in ihre Falten gerollt.
Alles wird Ferne und
Sinkendes Schweigen.
Wortlos neigen
Die Winde sich nahe an meinen Mund.

Weit und wie ohne Wiederkehr
Scheint dies alles, das mir entgleitet,
Die braunen Hügel, das blinkende Meer,
Die Bäume, die winkend im Hafen stehn,
Die Glocken, die über die Wasser wehn.
Und ich bin schon bereitet
Ins Dunkel, das sich drohend verbreitet,
Mit ihnen zu gehen
Abendallein
Mit meinem lastenden Einsamsein.

Da weht von den späten
Gehöften zwischen den Hügeln, die
Mit leisem Schritt in den Abend treten,
Noch eine schüchterne Melodie.

Und süß beklommen höre ich, wie
Kinder zu Gott in das Dunkel hinein
Um Schlaf und gütige Träume beten.

Frühling in Sevilla

Es gibt Städte, in denen ist man nie zum ersten Mal. Durchwandert man ihre unbekannten Straßen, so ist doch überall ein Grüßen wie von Erinnerungen, ein Rufen wie von verwandten Stimmen. Ihr Antlitz – denn Städte können wie Menschen sein, traurig und alt, lächelnd und jung, drohend und schlank, geschmeidig und zermürbt – kennst du von einer Schwesterstadt oder von einem Bild, einem Buch, einem Lied, einem Traum. Und so ist Sevilla. Irgendwie ist es lieb und vertraut; und mit einem Male fällt einem der Name Salzburg ein. Und nicht nur Mozarts Name ist es, der von Figaros flinker Gestalt getragen, mit zierlichen Notenbändern die fernen Städte verbindet zu einem Bunde zärtlichen Genießens. In Wuchs und Stimme, in Art und Gebärde haben sie geschwisterliche Weise. Es ist in beiden eine so starke poetische Gewalt, dass sich das Provinzlerische in ihnen zu einem Lieblichen und Begehrenswerten wandelt, dass die moderne hässliche Straßenkultur sich nicht brüsk vordrängt, sondern in sanfter Anpassung sich dem Verjährten gesellt. Altadelige Art ist in ihnen; schlank wie Pagen sind die Türme, und die Glocken so hell wie frische Mädchenstimmen. Alles klingt hell in den lichten Straßen wieder, wie ein Lächeln ist solch eine Stadt in das Grüne gebettet. Nur ist im Süden das Bild viel weicher und üppiger; die Palmen mit grünen Fächern das ganze Jahr in den Straßen, und breit quillt, zu Gärten und Alleen vertropfend, die farbige Fülle einer wunderbaren Flora in die

Stadt. Die Musik, mit der beide Städte durchdrungen sind, hat sich in Salzburg zweimal, dreimal zu grandiosen Kunstwerken destilliert, Michael Haydns Grab und Mozarts Wiege scheinen die Ruhepunkte, um die dies Leben schwingt; in Sevilla löst sich der Sinn des Musikalischen nicht in die bleibende Form. Aber alle Gassen klingen von Musik, von guter und übler, stets trällert ein Liedchen in der Luft oder klimpert eine Gitarre. Das Leben scheint hier rascheren Takt und die Menschen helleres Blut zu haben; nirgends gibt es mehr hungrige Mägen als in Andalusien und doch, Sevilla glüht in wunderbaren Farben, blinkt in Heiterkeit und winkt mit vielen Fahnen, hier könne man sehr glücklich sein.

Ist dies schon die spanische Art? Ja und nein. Denn Spanien ist nur Landkarteneinheit, von der Wirklichkeit aber in zwei fast schematische Gegensätze zerschnitten, die sich wieder in tausend Einzelkontraste lösen. Auch das Spanien Pizarros und Torquemadas lebt noch, der finstere, fanatische Geist Kastiliens hat nur neue Formen gefunden, in denen sich seine stolz-grausame Art entfaltet. Denn das sind keine Gitarrenschläger, die die dunkeln verfallenden Städte des Nordens bewohnen, das graue Toledo, das, mit Wällen umgürtet, drohend hingehängt ist im Gestein, das der Tajo zornig durchbricht; das sind die Mönche von einst und die harten Granden, die Menschen, in denen das graue, öde Land mit seinen jähen und unwilligen Felssteinen einen Schein von Leben gewonnen hat. Nur einen Schein: denn etwas Sarghaftes haben viele der älteren Städte, etwas Mönchisches die Menschen. Denkt man an Sevilla, an die frohe Welle, in der sich die Lustbarkeit etwa in den Karnevalstagen ergießt, so fühlt man ganz das Grauen, das sich im Norden Spaniens noch bis in die Lustbarkeiten verkriecht. Mitten im Herzen von Madrid, der modischen Stadt, die böse Mahnung. Wie in unserem

Prater ist dort Korso im Buen-Retiro; aber wo sind die flüchtigen, geschmeidigen Bewegungen der Pferde, das helle Trappeln, das scharfe Sausen, wo sind die farbigen Bilder gezügelter Eile? Breit, schwer, in einem traumhaften Trab poltern die großen karossenhaften Wagen vorbei, ungeheuer steif, würdevoll und korrekt. Festgefroren oben die galonierten Diener mit fanatischen Augen wie Mönche des Zurbaran. Schwer fällt der Schatten des Escorial über das ganze Land Kastilien; und kommt man nach Andalusien, so ist es einem, als sei man in die Sonne getreten. In hundert Spiegeln glänzt der Gegensatz. Dort das Spanien des «Don Carlos», der «Jüdin von Toledo» und Viktor Hugos «Torquemada», dröhnende, wild-schöne Visionen. Und Sevilla? Zuerst sucht man den heiteren Laden des «Barbiers», sehnt sich auch sehr, unter den vielen blinkenden Häusern das eine zu entdecken, wo Don Juan jenes Abenteuer hatte, das Lord Byron mit so entzückender Umständlichkeit in seinem Epos erzählt. Figaro singt hier seine Liedchen, die Habañera Carmens trällert drein, aller Heiterkeit Symbole hat die Kunst in diese Straßen gestellt, durch die schon einst der ingenioso hidalgo Don Quichotte de la Mancha auf seiner braven Rosinante getrabt. Nicht Dolche kauft man hier wie in Toledo, sondern Gitarren und Kastagnetten zu guter Erinnerung. Nicht Spaniens Symbol ist Sevilla, aber Spaniens Lächeln.

Selbst der Kampf ist hier Versöhnung geworden. Wohl sind nach jenem gigantischen Ringen der fünf Jahrhunderte die Mauren – tränenden Auges, wie die Sage berichtet – aus dem Süden Spaniens gewichen, aber noch wirkt ihre Art hier überall in einem heimlichen Leben. Nicht verachtet wie in Kastilien, sondern verwertet ist hier ihre Kunst; und ihr größtes Meisterstück, die Kunst des Lebens, jene träge, sensuelle und voluptuöse Weise des Genießens hat sich wunderbar ausgeglichen mit der heiteren Lebensführung der Andalusier. In hundert Bauten zeigt sich die Versöhnung. Moscheen wurden zu Kirchen, die Giralda, jenes entzückende schmale Minarett, donnert heute mit frommen Glocken zur Kathedrale herab, die sich ihm andrängt. Aber am geistreichsten ist die Vereinung in den Häusern. Wohl sind sie in maurischer Art, nieder und schmucklos, mit flachen Dächern und viereckigem Hof. Doch das Geheimnisvolle und Dunkle ist hier ins Heitere gewandt. Fenster und Balkone durchbrechen die bei den Arabern geschlossene Wand und bringen die Helle in die Stuben hinein. Hell und blank ist auch der Anstrich, und nicht ängstlich verschlossen das Tor; man sieht durch den Gang, der mit farbigen Fayencen belegt ist, und munter glänzt, in den Patio, den Vorhof, hinein, wo ein Springbrunnen seinen lichten Schaum über Blumen plätschert, umrahmt von Palmen und dunkeln Sträuchern. So arm ist hier kein Haus, dass es nicht seine Blumen hätte; selbst im alten Ghettoviertel, wo Murillos Haus steht, glühen die farbigen Büschel. Von den Balkonen tropfen lange Gewinde fast in die Straßen herab, in heiteren Reihen durchziehen wie bunte Soldaten Alleen die ganze Stadt. Eine wunderbare Farbenpalette ist hier entfaltet dadurch, dass die grüne Welle in die ärmsten Gassen einbricht und überall die hellen Blütenfunken sprühen. Brennen sie doch selbst – gleich einer Kohle im dunklen Herd – im Haar der Mädchen, Feuernelken und rote Rosen, stolz getragen und zärtlich bewahrt.

Und sie selbst, die Frauen, haben, ganz in Blumen gebettet, etwas von dem schönen und flüchtigen Leben der Blumen in sich. Scheinen sie doch von der Ferne oft wie Blüten in ihren grellen Kleidern und in dem flackernden Bauschen der Mantillas, die sie so unnachahmlich tragen. Und an das Zittern der Blütenstengel, an das sanfte Schwanken der Halme, wenn sie der Wind umschmeichelt, denkt man, wenn man ihren geschmeidigen Gang bewundert, dieses verlockende Wiegen, diesen heimlichen Tanz. Die ganze heiße Glut der Sonne scheint aus ihren Augen zu sprühen, die mit raschem Blitz den Neugierigen streifen, aber – hélas, schon Théophile Gautier hat es bemerkt – «une jeune Andalouse regardera avec ses yeux passionnés une charrette qui passe, un chien, qui court après sa queue». Selbst in den Augenblicken der Gleichgültigkeit scheinen sie leidenschaftlich, vermöge dieses Augenglanzes und der unwillkürlichen Wollüstigkeit ihrer Bewegungen. Und so wie sich ihre Sprache nicht umformt zum Gesang, sondern ohne Mühe und Anstrengung hinwendet, so löst sich spontan aus ihren runden Gebärden, aus ihrem hinwellenden Gange der Tanz. Sieht man in den ärmlichsten Kaffees den Flamenco, dann weiß man erst, wie hässlich, wie schematisch die eingefressenen Gebärden unseres Theaterballetts sind, die auf ein paar angelernten Lazzi basieren und sich höchstens noch um Künsteleien erweitern können. Hier ist Tanz, was er sein soll: eine Kunstform, fast selbsttätig entstanden aus den anmutsvollen Bewegungen des Körpers, aus den Gesten des Begehrens und den rhythmischen Reizen, eine Kunst nicht der Beine, sondern eine Freude an der Linie, der Biegung, Entfaltung aller Möglichkeiten menschlicher Schönheitsformen. Alle kleinen Symbole der Weiblichkeit verwerten sich in diesen Tänzen, der Fächer, die Mantilla, der Schleier, und vor allem das Kleid, das die Bewegungen nachzeichnet, dämpft und rundet. Die meisten dieser Tänzerinnen sind nur wenig geschult, manche auch recht eintönig in den einleitenden, rein plastischen Gebärden. Wenn aber dann, erwachend beim Knattern der Kastagnetten, die wilde und doch nicht laszive Sinnlichkeit dieser zigeunerischen Tänze aufschießt, löst sich aus der Glut eine so packende Gewalt, dass sie einem das Blut rascher durch die Adern jagt, ein magischer Taumel, betörender Musik ähnlich oder dem wühlenden Föhn.

Durch seine menschliche Wirkung tritt hier der Tanz wieder in die Reihe der Künste zurück, während er bei uns noch ganz unter dem Zeichen des Amüsements steht, er ist unserem Empfinden näher, weil er getränkt ist von Leidenschaft und Schönheit, von rein menschlich-primitiven Lebensäußerungen und nicht von stilisierten. Darum ist Melodie und Gesang dieser Tänze nur ein Nebensächliches und Unwertiges, eintönige Strophe etwa, wie die der arabischen Begleitlieder. Nur liebt es der Andalusier, diese Sprüche mit Scherzpointen zuzuspitzen und das amouröse Moment stark zu betonen. Denn ein wenig ist Sevilla noch immer Don Juans lockere Stadt, prunkvoll nicht, aber fanatisch in seiner Frömmigkeit, heiter, aber nicht strenge in seiner Sittlichkeit. Eine hübsche Legende sagt da mehr, als alles; über dem Tore der großen Tabakfabrik, durch das täglich viertausend Arbeiterinnen aus- und eingehen, alte und junge, hübsche und hässliche, hält ein steinerner Engel, die Fama, eine Posaune. Und das Volk munkelt, wenn einmal ein ganz tugendhaftes Mädchen durch das Tor schritte, so würde die Posaune erdröhnen. Bis jetzt soll es noch nicht geschehen sein, obzwar der geduldige Engel schon hundertfünfzig Jahre die Posaune hält. Nicht nur Figaro, sondern auch Don Juan scheint hier unsterblich.

Mit diesem Lächeln seines Lebens hütet aber Sevilla eine sehr ernste und große Vergangenheit. Ein wenig sind vielleicht schon die Farben verblasst, aber noch bleiben die Osterfeste berühmt in der ganzen Welt, diese prunkvollen Aufzüge und seltsamen Gebräuche der fernen Jahrhunderte. In leisen Wellen dringt das moderne Leben ein; der uralte Goldturm der Mauren sieht nun breite Meeresschiffe die leisen Wellen des gelben Guadalquivir hinaufziehen und auf der Giralda hoch oben, wo einst der Muezzin die Frommen zum Gebete rief, harrt ein ungeahntes Bild auf den Beschauer. Eine helle Stadt, weit weit hinein ins Grün verstreut, glänzt auf mit der Pracht ihrer wunderbaren Gärten, mit der Kette breiter Straßen in die Ferne gehängt; kaum kann man sie überblicken. Nun, da sich so üppig die Palette der Farben entfaltet, begreift man, dass Velasquez und Murillo Kinder dieser Stadt sind und ewige Verkünder ihrer Schönheit, so wie Lope de Vegas Dramen ihre Geschichte und die Musiker ihre Heiterkeit vermeldet haben. Hier könnte wohl dem spanischen Volke der Dichter geboren werden, der ihm nottut, ein Heiterer, Freier, ein weiser Spötter wie Cervantes, oder ein Zauberer wie Sevillas Maler, denn die Stadt schenkt hier so vieles, die Freude am bunten Leben, den Rhythmus frisch bewegten Geschehens und das Allegro innerlicher Heiterkeit. Warum sollte nicht ein so Wunderbares in einem Ort geschehen, der selbst wie ein Wunder ist? «Quien no ha visto Sevilla, no ha visto maravilla» – bis zur Unerträglichkeit hört man hier den stolzen Adelsspruch, den sich die Stadt gegeben; und doch kann man ihre Eitelkeit nicht schelten. Denn ist es nicht ein Wunder, wenn Menschen und vieler Jahre Schicksal wirken, meinend, eine Stadt zu bauen, und es schließlich ein Lächeln wird auf dem Antlitz des Lebens?

Alpenglühen am Zürichsee

Wer rief dies Bild, das plötzlich in den Rahmen
Des Fensters mit dem goldnen Winde glitt?
Still ruft's mich an. Und schon weiß ich den Namen:
Es ist der Herbst und meint auch Abschied mit.

Die Berge, die tagsüber Himmel waren,
Wie glühn sie nah im abgeteilten Licht!
Oh hier wie immer fühlt man: in dem Klaren
Ist schon ein Teil Vergängnis und Verzicht,

Und fühlt, es wäre gut, noch einmal leiser
Als sonst den Vesperweg talab zu gehen
Eh' sich die Abende im Herbst verfrühen,

Und vor den Sternen noch aus all den Häusern,
Die westwärts Feuer aus den Fenstern sprühen,
Sich Sommersonne in das Herz zu sehn.

Die Stadt der tausend Tempel

Benares, dies ist die Stadt, die mit so vielen glitzernden Türmen und Tempeln auf vielen geheiligten Treppen niedersteigt zum Ganges, dem großen Gotte, dem ewigen Sühnequell der Inder. Von allen Tälern und Bergen dieses gigantischen Reiches kommen die Pilger zu dieser Stätte der Heiligung und der große, breit und fast ohne Strömung dahinwandernde Fluss nimmt geduldig mit, was sie ihm anvertrauen, die Sünden der Lebenden, die Asche der Toten, die entstellten, leise an seiner Oberfläche schaukelnden Leichen der Heiligen. Die fast mythischen Fürsten des Rajputana kommen, die Maharadschas und die Ärmsten der Armen, die zu Fuß pilgern müssen durch den gelben Lehm der Ebenen oder in den Waggons der Bahnen zu Hunderten in den engen Abteilungen drängen, aber hier wird alles gleich. Mit gleicher Welle rührt das langsame Wasser an den nackten Körper, denn gleich sind die Sünden in allen Kasten, gleiche Flamme zehrt die Leiber hier auf und wirft ihren Widerschein in den fließenden Spiegel. Die mystische Rose im Bündel der hellen, der grellen, der lebendigen Städte Indiens ist Benares, hier allein fühlt man, wie die Flamme des Glaubens noch stark und glühend unter dem kühlen Schein ihrer abgewendeten Augen brennt, hier dämmert Ahnung der geheimnisvollen Hoffnungen auf, um derentwillen diese demütigen und schweigsamen Menschen Knechtschaft fremder Völker geduldig tragen und die Ketten der Kaste. Hier und nur hier wird ein matter Schein dieser unsichtbaren Leidenschaft zur Ahnung, aber zur Ahnung nur, denn selbst in ihren heiligsten Zeremonien ist noch ein letztes, das die Äußerlichkeit scheut, den Prunk, die Schaustellung und das Wort. Denn das letzte Geheimnis dieser Religion liegt hinter den Möglichkeiten der Rede, in einem undurchdringlichen Schweigen, dunkel und rätselhaft wie die zu Tempel gehöhlten Felsen ihrer Vorzeit.

Nichts ist in dieser Stadt, das aufdringlich und laut die Heiligkeit des Ortes verkündete, nicht ungeheure Gebäude, amphitheatralisch aufgestufte Treppen, nicht prunkvolle Aufzüge. Man könnte zu ungünstiger Stunde, mit nicht vorbereiteter Empfindung hier vorüberkommen, fände eine schmierige, verwinkelte Stadt, ein Flussufer, schön, ohne grandios zu sein, mit vielen seltsamen Palästen, aber zernagt von den Überschwemmungen, und drüben ein flaches, sandiges Ufer. Denn der große Heilige der Stadt ist nicht in Stein oder Marmor zu bergen: der Strom ist das Heiligtum, das ewig sich erneuernde Wunder der Sühnung, er, der von einer Unendlichkeit, von den Höhen des Himalaja, die von Wolken getragen sind, hingeht zur anderen Unendlichkeit des Meeres und am Wege das unreine Land hinweist zu den untrübbar reinen, göttlichen Elementen. Heilig ist der Ganges den Hindus, heilig, wer ihn berührt. Heilig vor allem also die Treppen, die Ghats, die immer seine Strömung fühlen dürfen, heilig die Gebäude, die ihre Stirne zu ihm kehren, ewig seines Anblickes froh, und heilig die ganze Stadt Benares, die seit drei Jahrtausenden wie auf den Knien vor ihm liegt. Heilig den Dienern Brahmas, Vishnus und Shivas und heilig seltsamerweise auch den Buddhisten, denn hier hat vor mehr als zweitausend Jahren Buddha zum ersten Mal das Schweigen der Erleuchtung gebrochen, hier zum ersten Mal die Lehre in Worten verkündet, die heute noch lebendig ist von Tibet, dem geheimnisvollen Felslande, bis zu den Inseln von Japan. Ein magischer Magnet des Glaubens, wie Jerusalem, wie Mekka, wie Rom, ist diese Stadt für Millionen von Menschen und wie jene Stätten der Pilgerfahrten umsponnen mit einem unverwelklichen Rankenwerk von Legenden.

Der heilige Ort der Büßer, die Stätte der Weihe und des Todes, sind die Treppen, die Ghats, die steinernen Symbole des Niederstieges vom Unreinen, vom Vergänglichen in das ewige Element des Wassers. In langer Reihe stehen sie, von einem Ende der Stadt bis zum andern, auf den Schultern die Paläste der Fürsten tragend, jede besonders genannt, besonders heilig, jede eigen durch eine eigene Legende. Vom Grün des Landes bis wieder hin zum Grün ziehen sie den Strom entlang, und jeder Pilger muss sie alle betreten, von allen niedersteigen in die Flut. In der Mitte sind einige in den Strom gestürzt, an jene Fanatiker erinnernd, denen das Bad noch nicht Sühne genug ist, und die, sich in die Strömung werfend, den heiligen Tod erwählten. Glitzernd und feindlich steht zwischen den Gebäuden eine Moschee, mit zwei schlanken Minaretten dem Himmel zugewandt, ein Denkmal mohammedanischer Eroberung: aber nur das Leben konnte Aurangzeb in diesen Menschen knechten und nicht den Glauben. Fremd und feindlich leuchtet ihr Dach, keinen der Pilger verlockend.

Und hier spielt sich jenes wundervolle Schauspiel der Sühne täglich ab, gewaltiger in seiner Inbrunst als alle Riten abendländischer Religionen. Noch ist die Sonne nicht aufgegangen und schon sendet die Stadt aus ihren verschlafenen Häusern die ersten Menschen zum Strom. Undeutliche Gestalten nähern sich dem Ufer, treten in die Strömung und nehmen das heilige Bad. Einige zünden, wie vor einem frommen Bild, am Ufer kleine Kerzen an, die spiegelnd im Wasser widerzittern.

Und dann steigt die Sonne empor. Ihre ersten Strahlen treffen aufgerichtete Gestalten, die mit geschlossenen Augen, gefalteten Händen und murmelnden Lippen ihren Aufstieg grüßen, unbeweglich, wie erzene Statuen verharrend, und erst, wenn ihr Glanz ihnen in die Blicke leuchtet, sich niederbeugend, um mit Gangeswasser den Mund zu netzen. Und nun, wie das Leuchten die Häuser trifft, beginnen sich die Ufer zu färben. Man sieht die Gewänder, die roten und blauen Musseline, in denen die Frauen kommen, und nun, wie sie sie abtun und niedertauchen in die Flut, sieht die braunen Gestalten der Männer, auf deren benetztem Körper die Strahlen tausendfach glitzern. Und immer mehr kommen aus den Gassen, Schiffe und Barken beginnen auf der blanken Fläche zu flirren, am Ufer tauchen hinter ihren gelben und grünen Riesenschirmen die Brahmanen auf. Ihre Tische sind überhäuft von Blumen und Früchten, den frommen Geschenken, und zum Dank malen sie den Gläubigen nun das grelle Zeichen Shivas, die Keile oder die Schmetterlingsflügel weiß auf die dunkle Stirne. Hoch oben, in einem Verschlag, hockt eine nackte Gestalt in enger Zelle. Ein Yogi, ein Heiliger ist das, der Tag und Nacht in diesem Gebälk verharrt, stets den Blick auf den göttlichen Strom gerichtet. Und immer mehr Badende kommen, und nun auch, leise nur den Fluss berührend, eine seltsame Barke. In weißes Leinen eingeschlagen, unbeweglich, liegt dort eine Gestalt zwischen den Ruderern und den reglosen andern. Ein Toter ist es. Und sie führen ihn hin zum Ufer, wo die Holzblöcke schon geschichtet sind, sprühen ihn noch einmal an mit dem heiligen Wasser und legen dann die Scheite um ihn. Wie unser Boot dann wiederkehrt, ist es schon eine Flamme und bald wird es dunkle Asche sein, die den Fluss hinabgleitet. Täglich spiegelt die Strömung solche Flamme, denn die Fürsten und die ganz Armen, die drüben am nackten Ufer ihre Stätte haben, müssen so an die reinen Elemente ihr Sterbliches wiedergeben. Seit dreitausend Jahren lodern die Flammen, Generationen und Geschlechter, Dynastien und ganze Völker sind an diesem Ufer Asche geworden, sind hingeschwunden in diesem leise strömenden Wasser. Und immer sind wohl so in diesen verlorenen Zeiten und ebenso gestern die Verwandten, die Freunde reglos dabei gestanden, so ganz ohne sichtbaren Schmerz. Kein Grauen scheint sie zu berühren, keine Angst vor dem eigenen Schicksal sie zu befallen. Andere Maske muss hier der Tod tragen, ein anderes das Sterben bedeuten, anders müssen diese Menschen Grauen und Schauer fühlen. Denn wie wären sonst diese Szenen voll Entsetzen möglich, die einem eisig das Herz anrühren, und die keiner von denen zu sehen, zu fühlen scheint. Dort am Ufer, mitten zwischen den Geschäftigen und Frommen, liegt ein alter Mann, röchelnd und allein. Seine braune Haut ist trocken wie Holz, an den hervorstehenden Knochen des eingefallenen Gesichtes schlottert ein weißer Bart. Und so liegt er hier auf dem nackten Stein, ganz allein, keiner hilft ihm, keiner spricht ihm zu. Sie haben ihn hergebracht, dass er hier sterben solle, denn heilig ist hier der Tod. Und nun lassen sie ihn, sie, die kein Tier töten, die alte unbrauchbare Geschöpfe in eigenen Häusern pflegen, hier lassen sie ihn, den Menschen, röcheln und einsam verrecken. Im Wasser treiben aufgedunsene Gestalten, Raben sitzen darauf und picken gierig in das faulende Fleisch: das sind die Leichen ihrer Heiligen, die das Vorrecht haben, nicht verbrannt, sondern dem Fluss überliefert zu werden. Und der treibt sie nun an seiner Oberfläche, zwischen den kleinen Blumenbooten, die ihm Frauen zum Geschenk, zum Opfer gebracht haben, derselbe Fluss, dessen gelbes, brackiges Wasser die Frommen dort trinken, zu dem die Tausenden und Tausenden verzückt niedertauchen. In solchen Augenblicken fühlt man den Schauer der Fremdheit, schreckhaft scheinen einem die finsteren Kulte dieser Menschen.

Aber wie rührend ist es dann wieder, wenn man sie in bunter Ordnung aufsteigen sieht, feucht noch das Haar vom Bade, Blumen in den Händen und hin in den goldenen Tempel, zum Frühgebet. Durch enggeschraubte Gassen geht der Weg, vorbei an den glotzenden Götzen aus Erz und ockergelbem Ton in den Nischen, vorbei an den vielen hockenden Bettlern, denen sie Reis und Früchte in die erhobenen Schürzen werfen, vorbei an den kleinen Läden, die gepfropft sind mit Idolen und Bildern zu dem großen Heiligtum, das zu sehen dem Fremden verwehrt ist. Aber man sieht durch die offene kleine Tür tief, tief drinnen über dem Gewühl der Menschen den Goldglanz jener furchtbaren Götzengesichter, sieht, wie sie, ehe sie eintreten, das heilige Zeichen Shivas über der Tür mit Blumen schmücken, mit Wasser aus ihren runden Kupferkrügen besprengen. Und Blumen, oh, wieviel Blumen gibt es hier! Rings in den Läden kann man die Ketten, die Gürtel von gelben Nelken kaufen, die ihren Körper schmücken, ganze Hände voll weißer mattduftender Blüten, Kränze von Farbe und Duft kann man hier haben für ein paar Kupferstücke. Und alle bringen sie Blumen und Früchte. Wie gerne möchte man mit ihnen durch die enge Tür – nicht um den Gott zu sehen, ein kaltes, edelsteingeschmücktes Fratzengesicht wohl zu sehen, aber diese Teppiche von Blumen, die jetzt innen schon sein müssen, diese Wolken von Duft, diese bunten Hügel von Früchten zu seinen Füßen. Immer neue Menschen kommen und gehen. Jeder schlägt beim Eintreten in die Vorhalle an eine Glocke und innen an eine hellere, fernere. Unablässig ist dieses Glockenschlagen, wie Frage und Antwort dröhnt es, nie wird dieser Tempel still. In ihm summt das Murmeln der Menge, der Gesang der Brahmanen füllt seine Wölbung wie die Blumen seinen

Estrich. Hinten sieht man einen Priester mit einer sehr seltsamen Schwingtrommel tanzen, langsam vor und zurück, vor und zurück, ganz ohne Wildheit, aber mit einer Unbeweglichkeit des Ausdrucks und einer Ausdauer, die fanatischer wirkt als die verzücktesten Sprünge. Und immer wieder treten Menschen durch die offene Tür des Tempels, der mit seinen goldenen Dächern weit über die armen Gassen strahlt, immer und immer hämmern die Glocken. Kühe, die heiligen Kühe gehen aus und ein, jeder weicht den plumpen Tieren ehrfürchtig aus, bietet ihnen Gras und grüne Stängel und immer kommen wieder neue Menschen vom Fluss herauf. Schon ist der Weg mit dem tropfenden Wasser, mit zertretenen Blumen geschrieben, aber aus den lehmigen Gassen quellen erneute Ströme, unerschöpflich scheint das Meer der Gläubigen, seine Flut anschwellend vom Morgen bis zum Abend.

In dieser Fülle, in dieser Unablässigkeit des religiösen Dienstes ruht der erhabene Zauber von Benares. Wie seit hunderten Jahren, so wird auch morgen hier wieder die Sonne jene Menschen sehen, die sie ehrfürchtig im Gebet erwarten, wird sehen, wie sie – ohne Scham, ohne Unruhe, nur ganz dem Ritus hingegeben – in die Fluten tauchen. Unbeweglich wird ein Heiliger – vielleicht ein anderer wieder – dort oben in der Hütte sitzen, immer werden die Raben in großen Zügen den Fluss umschwirren, wo ihnen nie ihr Fraß mangeln wird. Immer werden die Scheiterhaufen lohen und immer die Glocken in den Tempeln dröhnen. Es gibt da kein Aufhören und Aussetzen, so wenig wie dieser Fluss seine gelben Fluten niederzurinnen aufhören wird, keine Pause ist hier in der Andacht, kein Nachlassen in der Hingebung. Man muss sich unwillkürlich an die Legendengestalten der indischen Bücher erinnern, an jene, die alles vollbrachten nur durch Beharrlichkeit, an die Fakire, die sich die Zunge im Munde verdorren ließen, die unbeweglich durch Jahre auf Säulen saßen, an dieses zweifellose, unerschütterliche Verbleiben im Zustande innerer Verzückung, jener unbeschreiblichen Anspannung der seelischen Kräfte, die das tiefste Geheimnis der äußerlichen Untätigkeit im indischen Volke zu sein scheint. Hier in Benares ahnt man zum ersten Mal die ganze Gewalt dieser fremden Religion, die nur in diesem Volke leben kann, wie dieses Volk nur für sie zu leben scheint. Sie ist nicht ärmer geworden, seit die Engländer verboten haben, die Witwen zu verbrennen oder den Leib unter das Dschaggernat, das zermalmende Rad, zu werfen, seit ihre Fakire nicht mehr ihre Wunder auf den Straßen und in den Tempeln zeigen. Alles ist nur unterirdischer geworden, gedämpfter und versteckter, aber unzerstörbar scheint die wilde, ohne Ekstase beharrliche Inbrunst.

Und hier, ganz oben bei der Gyanvapi-Moschee, in einem versteckten Winkel, zu dem man vom Ufer emporklettert, habe ich noch einen dieser legendären Augenblicke gefühlt, wo die Inbrunst nicht versteckt, sondernd lodernd in einer kurzen Flamme aufschlägt. Dort oben, in einem Winkel, wo ein Mann den Frauen aus den heiligen Büchern – mit vokalisch klingender Stimme und eindringlicher Beredsamkeit – vorlas, wo Greise Götterbilder verkaufen und in einer Ecke ein paar von diesen fanatischen Gestalten zusammengedrängt hocken. In einer Zelle saß dort eine Nonne, das Gesicht kalkweiß gefärbt – wie eine Europäerin sah sie aus, nur der dunkle Glanz der Pupillen machte sie fremd und drohend, unweit von ihr, auf einem Bett von Nägeln, ein halbnackter Büßer mit so edlem Gesicht, wie auf den alten Bildern die indischen Edlen es haben, beide vertieft in ihr Gebet, bis er plötzlich hintrat vor ihre Zelle und zu singen begann. Eine verzückte Melodie, mit tiefer, ernster Stimme, der die ihre heller, aber nicht minder leidenschaftlich antwortet, bis es ein Zwiegesang ist, ein wildes, drohendes Gebet. Herrlich tönen die Stimmen zusammen, denn jeder Morgen, jeder Abend hört ihren Doppelgesang zu Shivas, des Furchtbaren, Ehre. Manchmal bleibt die eine Stimme zurück, setzt aus, dann fällt sie neu, verstärkt ein, spornt die andere an, glühender, inbrünstiger zu klingen. Und so, sich wechselseitig anspornend, die Hände zum Takte schlagend, singen die beiden, singen, singen – und plötzlich bricht es ab, der Büßer setzt sich wieder auf das Nagelbett, die Nonne vertieft sich in ihr Gebet. Und in diesem Augenblick des Abbrechens fühlt man ein Aufwachen in sich, Erwachen aus einem wilden Traum der Sinne. Man staunt, man starrt die beiden an. Sie aber füllen weder Stolz, noch Zorn über den Ungerufenen. Ganz kalt, ganz tot, wie an etwas Fremdem, etwas Durchsichtigem geht der Blick an einem vorbei, als sei nichts gemeinsam zwischen ihrem Gefühl und dem unsern.

Und Fremdheit, unüberwindbare Fremdheit, das ist das letzte Empfinden gegenüber allen den Gefühlen dieses Volkes. Ihr ganzes äußeres Leben ist aufgetan. Die Gasse schweigt hier nicht, sie hat kein Geheimnis. Man sieht in die Häuser hinein, sieht, wie diese Menschen leben, wie sie schlafen, man reist auf den Schiffen, in den Bahnen mit ihnen, kann ihre Bücher lesen, ihre Tempel sehen – und doch, ihr inneres Leben bleibt unbegreiflich fremd. Wer kann sagen, dass er das Paradoxon dieses indischen Volkes verstünde, das seit Jahrhunderten Sklave ist bald der einen, bald der andern, das sich von einer Handvoll Abenteurer knechten ließ und doch wieder so stolz ist, dass es mit keinem seiner Herren an einem Tische sitzen wollte und von seiner Speise nehmen. Wer könnte sagen, welches die geheimnisvolle Hoffnung ist, der sie entgegenleben, dass sie alles, was uns Genuss und Begier ist, als unrein, als Schein und Trug verschmähen, dass sie diesen heimlichen Stolz hinter all der Demut nähren, mit der sie ihr armes

Leben tragen. Ihr Glück und Leid, ihr Sterben und ihre Träume wissen von den unsern nichts, wir nichts von den ihren. Fremdheit ist das letzte Gefühl. Anders ist hier alles so ohne Vergleich, ohne Ähnlichkeit anders in diesen Kreisen, in diesen Städten, fremd wie diese Palmen und Riesenbäume, die bei uns nur kümmerlich in verschüchterten Exemplaren gedeihen, fremd wie ihr Blut, fremd wie ihre Luft, die sich heiß und schwülend an den Körper legt. Und selbst der Blick, der sehnsüchtig hier nach einem Gleichen, uns und ihnen Gemeinsamen zum Himmel aufgreift, der bislang immer mit gleichen Zeichen über allen Fernen gegrüßt, auch er findet erstaunt andere Sterne, andere Kreise, die fremden Geschicken gebieten und eine andere Harmonie des Lebens zu verlangen scheinen.

Taj Mahal

/Grabdenkmal Mumtaz Mahals in Delhi/

Im Wasser, wo klarspiegelnd und genau
Die weißen Formen sich im Bild verkleinern,
Scheint er ein Spielzeug. Zart und elfenbeinern,
Wie unter mattem Glas liegt er zur Schau
/Man hatte beinah Furcht, ihn zu zerbrechen/.

Und dann ein Blick: Und sieh, es ist ein Bau!
Aufragend, blendend, makellos und steinern
Steigt er empor, löst blinkend seine Flächen
Vom Blättergrün und steigt in immer reinern
Bewegungen empor ins blanke Blau,

Auf, auf ins Licht, und blüht ins Sonnenfunkeln
Als atmeten aus seiner Brust noch jene
Vergangnen Herzen in der kühlen Krypte
/Der große Fürst und die geliebte Frau/.

Doch abends scheint er Traum. Wie eine Träne,
Die marmorn wurde, glänzt er in das Dunkel
Den Schmerz um die entschwundene Geliebte.

Gwalior

Wie froh bin ich, wie froh, die schöne indische Stadt Gwalior jetzt noch gesehen zu haben, wo die starken und glühenden Farben überall durch die dünne europäische Tünche durchschlagen. In zwanzig, vielleicht schon in zehn Jahren wird der Ehrgeiz des fremdenfreundlichen Maharadscha aus seiner Residenz eine jener antipathischen Mischstädte von Orient und Okzident, ein Klein-Bombay, ein Klein-Kalkutta geschaffen haben mit breiten Plätzen, elektrischen Bahnen und hohen Baukästen aus glattem Stein. Werden dann aber jene unvergesslichen, kleinen, verflochtenen Straßen noch sein, wo die Läden ganz ohne Geheimnis sich auftun, wo hinten im Schatten man das Werk entstehen sieht, das vorn, gehütet von den freundlichen Besitzern, dem Blick, dem Kauf sich darbietet? Werden dann noch immer die Reiter in ihren bunten Trachten straßauf, straßab sprengen, mit grellem Leder die Pferde zäumend, hochaufgerichtet auf ihren breiten Sätteln von gesticktem Damast? Werden die Pfauen ihr Gefieder noch immer sorglos im Grün spreizen, wird dies Gewimmel von Pferden, Eseln, Kamelen, Elefanten, Kühen, von nackten spielenden Kindern zwischen den Häusern noch schwirren und wirren und werden sie selbst noch sein, diese zierlichen kleinen Häuschen? Und wie unersetzlich schön sind diese zarten Häuser der reichen Leute in der Safara, der Goldschmiedgasse, die sich mit dem oberen, fast schwebend leichten Stockwerk neugierig niederneigen! Wie

Elfenbeinschächtelchen, ganz ausgeschnitzt und weiß, stehen sie voll unbeschreiblicher Anmut in der warmen Sonne, biegen sich in zitternden Balustraden hinaus, überhöhen einander, unregelmäßig wie in einem Spielwarenladen, weiß fast alle und zierlich. Nur zum Ansehen, nur zum Spiel scheinen sie gebaut, Sommerkioske oder Gartenpavillons, die sich in eine krause Stadt verirrt haben. Aber viele Leute füllen sie mit bunten Gewändern und nicht minder buntem Beruf. Ab und zu sind diese weißen Elfenbeinhäuschen auch bemalt, aber durchaus nicht einheitlich, nicht mit Ornamenten und geordneten Linien, sondern der Maler hat seinen gelenken Pinsel farbig über die Wand spazieren lassen, hier einen großen blauen Elefanten gemalt, der gegen einen feuergelben Tiger zornig mit dem Rüssel schlägt, dort einen Sahab, einen europäischen Herrn, hier eine kleine Landschaft – all das aber geht sorglos, ganz ohne ausgesparte Fläche, nur hinskizziert auf ein zufällig verwehendes Blatt. Grell scheinen die Farben, aber hat sie die Straße nicht auch? Safrangelb oder türkisblau glänzt der Turban des Goldschmieds, der da mit übergeschlagenen Beinen auf dem hingebreiteten Teppich sitzt, neben sich die goldgemalte Truhe mit ihren Schätzen, in der Hand die kleine Wage, auf der ein paar blanke Kettchen zittern, die Frauen sind gehüllt in farbige Musseline, über einen dicken Pack nasser Wäsche schwingt ein halbnackter Mann, bronzebraun, seine Keule, rot ist das Gewand des kleinen Lehrers, der an der Straße vor zwei Dutzend halbwüchsiger Jungen Schule hält. Dazwischen schieben sich die Gefährte, die kleinen Wägelchen mit den Ponys, die Zebukarren, die Reiter, die vielen Reiter, jetzt plötzlich auch ein Elefant, der mit seinem schweren Schritt die Häuser zittern macht. Zwei Tage, die man in einer solchen indischen Stadt verbracht hat, lehren einen das ganze äußere Leben dieses Volkes, so aufgetan ist alles.

Man sieht, wie sie ihr Brot bereiten, wie sie die kupfernen Behälter schmieden, es zu bergen; wie sie die Teppiche weben, auf denen sie sitzen, die Kleider weben und färben, die sie schmücken; wie sie ihre Bilder malen, wie sie ihre Pantoffeln schneiden, wie sie die Häuser bauen.

Aber alle diese Farben – die in Gwalior nur noch frischer, nur noch glühender, noch weniger abgegriffen sind als in den meisten indischen Städten – machten diesen Fürstenhof seines Ruhmes noch nicht wert. Dies Gwalior ist nur das Laschkar, wie die Eingeborenen es nennen, das Feldlager, die Neustadt. Gwalior, das Berühmte, ist die Festung auf dem steilen Felskamm, der jäh aus der Ebene sich aufbäumt. Unbeschreiblich wirkt diese. Tagelang, wochenlang hat man nur das niedere, gelbe Land gekannt, das schlaff daliegt, fahl, wie selbst vom Fieber ausgesogen, zu matt, um sich zu einer Höhe aufzurichten. Die berühmtesten Burgen der Moguln, Delhi und Agra, wundervolle Steinburgen waren sie nur, nur Wälle aus der Niederung, mühsam mit Menschenarbeit emporgeschichtet. Aber hier springt aus dem gelben Lehm der Fläche drohend ein breiter Fels. Er selbst ist die Festung. Und die Fürsten hatten nichts zu tun, als die Wälle seinen Schroffen einzupassen. Manchmal kriechen die Zinnen hinein ins Gestein, manchmal überhöhen sie den Fels wie der Nagelrand den Finger, aber immer sind sie verwachsen in der Abwehr zusammengehörig. Oben stehen Paläste, Tempel aus allen Jahrhunderten. Denn solche Stellen scheint die Natur mit deutlichem Fingerzeig zu schaffen, dass Generationen und Geschlechter sie sich erwählen, sich entreißen, dass aber jede in den Zeichen, mit denen sie Vergangenes übertreffen will, ein Denkmal ihres Wandels sich setze. In solche einsame Höhen, in diese harten unwegsamen Steine schreibt die Geschichte ihre Lettern. Ein denkwürdiges Blatt dafür ist Gwalior. Steil bricht der Weg durch sechs aufeinanderfolgende Riesentore empor, kein Wagen bringt einen hinauf, zu Fuß muss man klettern oder sich von einem Elefanten emporschaukeln lassen. Beim letzten Tor, wie man in den emaillierten Mogulpalast treten will, versagt für einen Augenblick der Schritt. Man fühlt hier jene Beängstigung der finsteren Burgen, den Festungsschauer, vor diesen kalten dicken steinernen Toren, von denen tausendmal Tod hinabsprühte. Toledo ist so, wenn man über die schmale Tajobrücke will und nun dieses Gwalior mit dem Tore, wo jeder Stein mit Blut überschrieben ist, wo Völker und Völker Leben und Sterben tauschten für den Siegerblick von dem einsamen Felsen. Dann erst tritt man in den verfallenen Palast, kriecht hinab in die kellerfeuchten Gewölbe, von denen niemand mehr weiß, wem sie dienten, holt sich von den Zinnen zwischen den Schießscharten schönen breiten Ausblick über die alte, zermürbte Stadt zu Füßen, über die neue weißglitzernde nebenan, und greift dann weit hinein in das mattgrünliche und bald wieder eintönig gelbe Land. Neben diesen Palästen stehen Kasernen des Maharadscha, vor denen Soldaten in Khakianzügen unseren Drill lernen, und daneben wieder – unendlich spannen sich hier die Gegensätze – uralte Jaintempel, zwei von den wenigen, die der Fanatismus der Mohammedaner verschonte. Vielleicht, weil es zu mühsam war, sie zu zerstören, denn hier ist Block an Block zusammengepasst und trägt die gewaltige Wucht einer pyramidenförmig aufgestuften Decke. Starke Säulen tragen mit und jede Säule ist, wie um ihr die Plumpheit zu nehmen, von einem Reigen ungelenker Figuren umsponnen. Jeder Winkel aber hat steinernes Leben. Aus den Nischen starren aufgerissene Götteraugen, Elefantenminiaturen rollen ihre Rüssel in Girlanden um den Stein, überall ist emsiges, wenn auch unvermögendes Bemühen zur Plastik. Und was hier in kleiner Schrift, in einer Unzahl von unlesbaren Lettern zu schreiben versucht wurde – das Bild der Gottheit, das Gebet ihres Glaubens – das grüßt noch einmal beim Niedersteigen in anderem Ausdruck vom Fels. Wie oben der Fels zur Festung umgemeißelt wurde, so haben sie ihn hier zum Götterbild umgesprengt. Giganten treten aus dem Gestein, ungeheure, vom Hass der Mongolen verstümmelte Götter in zehnfacher Größe menschlicher Figuren mit roten Fratzengesichtern grinsen aus ihren Nischen, die schon Felshöhlen sind. Mit dem Rücken selbst noch Fels, stehen sie da oder hocken, schauerliche Wächter eines unbekannten Geheimnisses, finstere Symbole einer ungeheuren Gläubigkeit, die die Größe ihrer Hingebung im einfachsten Zeichen, in der Größe der Gestalt zu veranschaulichen suchte, eine Religion, die ihre Berge zu Tempeln aushöhlt, ihre Felsflächen zu Bildern umsprengt.

Von diesen wilden Gestalten führt der Weg rasch wieder zur Stadt und von da zum Maharadschapalast, der funkelnagelneu aus den Gärten glänzt. Eine ungeheure Distanz ist in diesem kleinen Weg. Von einer großartigen Vergangenheit über eine sorglos heitere Gegenwart zu einer farblosen Zukunft hin, vom Indien der Heldenbücher nach Europa zurück. Denn der Maharadscha von Gwalior, einer der reichsten Fürsten in Indien, ist in seinen Bemühungen um die Schönheit seiner Residenz nicht sehr glücklich. Er hat auf einen breiten Platz ein neues Postamt im griechischen Stil gestellt, eine Markthalle in englischer Gotik, mit Bogenlampen die Hauptstraße geziert, in den Tempeln sieht man statt der plumpgrellen, aber doch charakteristischen Bilder glatte Öldrucke. Sein Palast hat europäische Appartements, die schönen, blau und rot gemalten Elefanten dienen nur noch der Jagd, und als ich die Ehre einer improvisierten Audienz hatte, war der Fürst ein Herr in Sportkostüm und Knickerbockers, der einem rotausgeschlagenen Automobil entstieg. So schwindet langsam die Pracht der indischen Fürstenhöfe in ein oberflächliches Nachbild europäischer Kultur, so wird nach und nach auch die Eigenfarbe dieser schönen Städte sich mengen und mischen. Dann wird auch Gwalior nicht mehr sein, was es war und heute noch ist. Der fremdenfreundliche Fürst, der alles zum Empfang von Gästen bereitet, wird ihnen wenig mehr zu bieten haben. Denn der Wanderer sucht immer das andere, das Fremde und wird in Indien nicht Europa wiederfinden wollen, sondern Indien selbst.

Stadt am See

/Konstanz/

Schon fern in dämmernder Verschönung
Die ernste Linie einer deutschen Stadt,
Geschmiegt in Wolken von so zarter Tönung,
Wie sie allein der Juniabend hat.

Im Uferpark Musik aus dunklen Lauben,
Ein Lied: kennst du das alte Lied nicht mehr?
So lieb, so trüb wie Saft aus schweren Trauben
Ganz langsam quillt das Lied die Wellen her.

Da klingt dein Herz, als ob es Heimweh hätte,
Und sieht doch diese Stadt zum ersten Mal,
Zum ersten Mal die dunkle Silhouette,
Die schleiernd tränt im fahlen Mondenstrahl.

Der Rhythmus von New York

Ein paar Tage erst in dieser verwirrenden, durch ihre fremdartige Vielfalt gleichzeitig erschreckenden und anziehenden Stadt. Nicht genug, um sie ganz zu begreifen, sie, die hundert Sprachen spricht, die Menschen zweier Erdteile zum ersten Mal gegeneinander schleudert, Elend und Reichtum zu einem nie dagewesenen Gegensatz auseinanderreißt. Noch verstehe ich ihre Stimme nicht, ahne kaum ihre Formen. Aber schon fühle ich, und in jeder wachen Sekunde deutlicher, ihren Rhythmus, diesen unwiderstehlichen, stürmisch erregten Rhythmus der amerikanischen Metropolis.

Denn nicht als Ruhendes, als Festgefügtes, lassen sich diese Städte begreifen, nur als Bewegung, als Rhythmus. Wir in Europa haben Städte, die nichts sind als eine höchste Form der Landschaft, die wie Musik wirken, weil sie Harmonie sind, eine reinste, notwendige Zusammenfassung der Natur in ein geistiges Bild. Ihr Ruhm, ihr Sein bedeutet ihre Schönheit. Man wünschte sie immer schlafend, ohne Menschen, ohne Wachstum und Werden, eher noch abbröckelnd, zurücksinkend in das Zeitlose und Unbelebte. Florenz ohne Fremde, ohne geschäftige Menschen; deutsche Kleinstädte, wenn sie ganz stille sind, mit Mondsilber über den schlafenden Dächern, sie sind am wunderbarsten, wenn sie traumhaft werden, reine, lautlose Bilder. Die Schönheit der amerikanischen Städte liegt in ihrer Wirklichkeit, ihre Gewalt im Lebensrhythmus. Sie sind Verhöhnungen, Vergewaltigungen der Natur; aber sie haben den Rhythmus der Masse, den beseelten Atem des Menschen. Am Sonntag, wenn dieses schwarze Blut ihren Adern fehlt, sind sie tot, kalt, hässliche, nackte Steinbrüche, sinnlose Ansammlungen geschichteter Massen. Doch in den Tagen der Arbeit klingen sie in einem wilden Takt, von einer barbarisch gewaltigen Musik, die wie ein Triumphgesang auf den Menschen tönt; sie bezeugen mit einer uns unbekannten und erschreckenden Gewalt ihre schwellende Lebenskraft. Ein wunderbarer Rhythmus des Lebens geht von ihnen aus. Hier in New York klingt er vielleicht am lautesten. Denn hier ist das äußerste Ende des neuen Landes gegen die alte Welt; hier gischtet am wildesten die Menschenflut ineinander. Und dieser Rhythmus von New York ist schon die erste Manifestation des ganzen amerikanischen Lebensgefühls: wer ihn fühlen kann, versteht auch den hochgespannten Willen, der in allen Nerven dieses unermesslichen Landes vibriert.

*

Zuerst habe ich diesen Rhythmus auf der Brooklyn Bridge gefühlt. Dieser gigantische Bogen, der – ein zierliches Netzwerk von der Ferne – in jenen gewaltigen Maßen, die einen am ersten Tag erschrecken und die man nach einer Woche schon wie selbstverständlich fühlt, zwei Millionenstädte verbindet, scheint wie ein Symbol der Festigkeit. Man steht auf der Höhe des Brückenbogens wie auf dem Gipfel eines Berges und misst mit Bewunderung eine weitgebreitete Landschaft. Rechts und links je eine ungeheure Steinmasse mit zackigen Spitzen, den Wolkenkratzern, von beiden Seiten rauscht ein Murren vielfältiger Geräusche. Zwischen ihnen, tief unten, der breite Strom, gerade im Augenblick, da er Bucht wird, und das Meer. Eine Jagd von Schiffen zittert darin: kein Feld ist gepflügt wie dieses Wasser, ununterbrochen graben Kiele die graue Flut auf. Von Ufer zu Ufer rufen sich die Ferryboote Worte zu, die Züge heulen ihnen entgegen, große Dampfer vom Ozean schieben sich feierlich in das wilde Getümmel. Keinen Augenblick ist Ruhe: wie an Fäden geschnellt, zucken immer neue Schiffe heraus aus den Docks, keine Sekunde ohne Ruf oder Antwort in diesen unverständlichen Lauten.

Man möchte ruhig all das betrachten; aber der Blick wird verwirrt. Rechts saust hier auf der Brücke ein Zug heran, ein zweiter über einem, links zischt ein Automobil vorbei, hier mitten auf der Brücke ist man wie zwischen den Geleisen eines Bahnhofes. Dazwischen strömen Menschen – diese Brücke ist Eisenbahn, Straße, Fahrweg zugleich, fünfzig Wagen trägt sie in einer Minute, sie klingt von Lärm; mitten auf steiler Höhe, gewölbt über einem Fluss, steht man auf einem Kreuzweg von zehn Straßen. Und das setzt nicht eine Sekunde aus, die Wagen sausen einander nach, als wollten sie sich zerschmettern, immer mehr Menschen drängen herüber, hinüber.

Ein leises Gefühl von Schwindel überkommt einen, man fasst das Geländer. Und da – es ist ein merkwürdiger Moment – spürt man: es schwingt einem unter der Hand. Man tastet nochmals. Und wirklich, es schwingt, schwingt ununterbrochen, manchmal stärker, manchmal schwächer, aber stets in gleichem, nie aussetzenden Rhythmus. Von früh bis nachts, von nachts bis früh schwingt diese ungeheure Brücke, deren stählerne Kraft und Wucht gar nicht zu beschreiben ist, wie eine dünne Saite von der menschlichen Masse, seit Jahren vibriert sie so von der elektrischen Spannung dieser Stadt. Dieser Strang, der die zwei Millionenbündel New York und Brooklyn als Nerv verbindet, zittert beständig in jedem Molekül, und jeder, der hier oben steht, schwingt mit von der Erregung der fremden Masse. Hier habe ich zum ersten Mal den Rhythmus von New York gespürt.

Und dann hinein ins Herz der Stadt, um noch stärker ihren Schlag zu fühlen. Man will in die Untergrundbahn, versucht noch zu fragen, ob es die rechte ist, aber hier hat nur die Masse ihren Willen und biegt jeden einzelnen entzwei. Es gibt da kein Stehenbleiben, man ist in irgendeinen Wagen geschoben, weiß gar nicht von wem, eine Kette klirrt, ein Verschlag fällt nieder und dann saust das Geschoss mit den hundert, zweihundert Menschen in das Dunkel des Tunnels. Manchmal hält es an, Menschen werden herausgeschwenkt und hineingeschüttet wie in ein Gefäß, und noch strudelnd im Durcheinander sausen sie weiter. Endlich am Broadway. Man ringt sich aus dem Knäuel Menschen, in den man geknetet ist, und klettert hinauf zur Straße.

Diese Stationen der Untergrundbahn hier in New York haben durch die Masse der Menschen etwas von der Kontinuität einer Naturgewalt. Jeden halben Kilometer ist so eine schwarze Quelle an der Straße und speit einen trüben Schwall von Menschen herauf, die sie von weiß Gott welchen Entfernungen hervorholt, und daneben ist ein anderer Schlund, der sie wieder einschluckt. Man kann Stunden stehen und keine dieser beiden Quellen, die aufschäumende und die niederstürzende, versiegen für einen Augenblick.

Man blickt um sich, im ersten Aufschauen verwirrt durch das Getöse, und findet sich mühsam zurecht. Denn dieser Broadway ist vielleicht die merkwürdigste Straße der Welt. Er teilt die ganze langgestreckte Halbinsel entzwei, beginnt hoch oben, zwischen den Feldern noch, strömt als breite, ebenmäßige Flut hinab gegen das Meer. Und da plötzlich, knapp, ehe er sein Ziel erreicht, wird er zur Schlucht. Er drängt sich zusammen, die Häuser türmen sich rechts und links wie überhängende Felsen zusammen, man kann nicht mehr aufschauen zu ihnen. Immer höher werden sie, zwanzig, dreißig Stockwerke, und unten wird der Menschenschwall, je näher man zu dieser Tiefe kommt, immer hastiger. So wie ein Gebirgsstrom an einer Enge zum Wirbel wird, so ballt sich auch hier die Masse, der Lärm wird Getöse, es gibt kein Vorwärts und Rückwärts mehr, nur eine wirre, kreiselnde Bewegung. Man hat das Gefühl ganz verloren, selber zu gehen: Man ist nur Brandung dort an jener Ecke von Wallstreet gegen die aufgetürmten Mauern. Die Tramways und Wagen bleiben wie Felsblöcke in einem Wildbach für Minuten aufgestaut, nichts hilft ihnen, nicht das Hämmern der Glocken und alle Rufe. Erst eine neue Welle wirft sie ein Stück weiter, und wieder dann stocken sie in der Flut. Hier wird die menschliche Masse Naturgewalt und ahmt ihre Bildnerin nach. Und das ist das Geheimnis dieser barbarischen und zuerst befremdenden amerikanischen Städte, dass sie sich nicht einem landschaftlichen Plane unterordnen, sondern selbst elementar wirken wollen. New York ahmt unbewusst das Gebirge nach, das Meer und die Ströme. Sieht man die Stadt von fern am Abend, so scheint sie eine zerklüftete, nackte Gebirgskette, etwa wie der Montserrat mit jähen Schroffen und Zinken. Und diese Menschenflut in ihren Straßen wieder ist wie das Meer geregelten Gesetzen untertan: auch hier ist Ebbe und Flut; morgens strömt die Welle der Menschen herab, abends ergießt sie sich zurück in einer einheitlichen, geschlossenen Masse, der kein Einzelner widerstehen kann. Die ganze Stadt, die ganze Insel scheint zu heben unter dieser gleichmäßigen Bewegung, diesem leisen, elektrischen Zittern, das immer die Entladungen der Kräfte begleitet. Allgegenwärtig ist diese Unruhe. Man spürt sie unten auf der Straße genau wie oben in den Türmen der Häuser; es zittert hier von der Schwelle bis zum First, und in geheimnisvoller Übertragung strömt diese Vibration über in die Nerven der Menschen, die feinsten Verästelungen des Gehirns. So wie man auf einem Dampfer jede Sekunde das Hämmern der Schraube fühlen kann, die das ungeheure Schiff durch die Flut presst, so spürt man hier unentrinnbar den pulsenden Herzschlag der Stadt, den Akkumulator der gesteigerten Kräfte, den wilden, heißen Rhythmus von New York.

*

Unmöglich, sich diesem Rhythmus zu entziehen, ruhig, teilnahmslos zu bleiben in dieser Phrenesie der Masse. Man versuche es, am Broadway zuzuschauen, stehenzubleiben oder gar eine photographische Aufnahme zu machen: Im Nu ist man zur Seite gestoßen, weggedrängt, weitergeschwemmt, wieder eingeordnet in die allgemeine Bewegung. Für Ruhe ist hier kein Raum: diese Stadt denkt nicht daran, einem Rast zu geben. Man fühlt das so recht, wenn man von Paris kommt. Im Februar, mitten im Winter, schieben sich dort an jeder Straße die runden Tische mit Sesseln und Bänken vor den Kaffeehäusern heraus; jede Ecke wird Einladung zum Sitzen, zum Rasten, zum Zuschauen. Und folgt man der Lockung, so bereut man es nicht, denn wie in einem unendlichen Film rollt sich dann die Straße vor einem auf als Schauspiel für den Betrachter. New York hat keine Gelegenheit, keinen Raum für den Zuschauer, den Untätigen. Nichts ist hier für Rast, für Ausblick eingerichtet. Die Häuser haben keine Balkone, die Squares nur wenig Bänke, und selten sieht man jemanden darauf ausruhen; die Restaurants der Geschäftsstadt sind nur für Eilige eingerichtet, manche haben gar keine Tische, nur kleine Sessel, wie eine Bar, und die Menschen, die hier ihr Essen eilig hinabwürgen, sind gleichzeitig noch anders beschäftigt, sie lesen Zeitung oder verhandeln. Der Bummler hat hier keinen Raum, der Rhythmus schwemmt ihn weg wie ein abgefaultes Holz. Diese Unruhe des Tages dringt bis in alle Kreise: selbst die Untätigen, die Frauen der vornehmen Kreise, sind hier immer beschäftigt, Sport und Mode hetzen sie hin und her, unablässig sieht man sie in ihren Automobilen die Straßen entlangsausen. Selbst in den Museen ist hier Betrieb: in den Sälen werden Vorlesungen gehalten. Die ruhige Betrachtung scheinen die Menschen hier nicht zu kennen. Man muss am Schiff oder in den Bahnen gesehen haben, wie die Männer hier unter ein paar Stunden gezwungener Untätigkeit leiden, wie hilflos, unerfahren sie sind im Nichtstun, wie sie in jeder Station nach Zeitungen rennen, spielen und rauchen, alles aus jener merkwürdigen Unruhe heraus, die schon in ihr Blut eingedrungen sein muss. Und wirklich, auf einmal findet man sie in sich selbst, hat ein Gefühl der Hochspannung; man möchte hier nicht leben ohne eine ständige Arbeit, die einen von früh bis nachts in ihren Umschwung reißt. Selbst der Fremde ist hier einer Arbeit verfallen: trotz aller Müdigkeit hetzt man weiter, noch mehr zu sehen, mehr Menschen, mehr Straßen, unbewusst passt man sich schon dem Rhythmus an. Und man rastet einzig in den Straßenbahnen, also auch in Bewegung.

Die zwingende, unentrinnbare, allgegenwärtige Gewalt dieses Rhythmus ist mir das Unvergesslichste von New York. Hier ist schon eine Vorahnung jener Energie gegeben, die Amerika beherrscht, das Land, das in hundert Jahren den Weg zurücklegen will, zu dem Europa zwei Jahrtausende gebraucht hat, und darum so hastet, so gierig, mit verbissenen Zähnen vorwärts will. Der Rausch der Geschwindigkeit, den man bei uns im Sport empfindet oder bei der Automobilfahrt, ist hier das Lebensgefühl eines ganzen Landes. Europa ist wie ein Strom, der schon sein Bett gefunden hat und nun im gemächlichen Hinrollen Muße findet, die ganze Welt und den Himmel in Kunst und sanftem Genießen zu spiegeln. Hier ist noch die Unruhe des Unerreichten, der Durchbruch der gestauten

Kräfte in unbekannte Ufer: wer Urkräfte liebt, kann sie hier ungestüm und barbarisch sich entfalten sehen.

*

Am Abend verlischt plötzlich dieser Rhythmus, bricht zerknickt in sich zusammen. Man war im Theater gewesen, bei »Parsifal«, der hier schon längst gegeben wird, bei Maeterlincks «Blue Bird» oder Bahrs «Konzert», und wie man dann auf die Straße tritt, fühlt man sich auf einmal in fremder Umgebung. New York scheint versunken zu sein, und man muss an die Magnetstadt aus «Tausendundeiner Nacht» denken, die ganz aus stählernen Platten gebaut ist, stumm, kalt, mit zu Schlaf erstarrten Bewohnern. Die Menschen, die dunkle, grollende Masse, ist fort von den Straßen, die jetzt kaltes, hässliches, schwarzes Gestein ist, und die Stille tut einem fast weh. Auf den Dächern springen noch die Leuchtplakate, so wie letzte Funken aus der Asche springen, ehe alles auslischt. Nichts Hässlicheres als New York im Schlaf, New York ohne Menschen.

Und plötzlich spürt man da auch in sich jenes Niederbrechen der Energie: während in anderen Städten mit der Nacht einen Unruhe überkommt, jetzt erst sie aufzuspüren bis in die dunkelsten Ecken, sie zu beschleichen in ihrem Schlaf, fühlt man hier nur das Blei in den übermüdeten Gliedern. Hinauf in das Zimmer, irgendwo im elften Stock, schlafen, ausruhen, ruhen mit der Stadt, nachdem man mit ihr gefiebert. Ein Blick vom Fenster noch. Wie seltsam ist dies! Der Himmel hoch oben ist verhangen von Dunst und Dampf, aber da unter einem scheint ein anderer zu sein. Von vielen fernen Fenstern blinkt es her wie Sterne, seltsame Leuchtkegel, schimmernde Milchstraßen zittern auf diesem Firmament. Auch hier, noch im Schlaf, ahmt die Stadt die Natur nach, die gestirnte Himmelsdecke, und jetzt, jetzt auf einmal hört man auch noch ein leises Tönen von unten.

Wie Meer, wie Flut, wie Brandung klingt es von unten in ebenmäßigem Rauschen herauf. Man beugt sich vor: ist es wirklich das Meer, das ferne? Nein, nur die Maschinen tauschen so von einem Hof herauf, die hier in diesen Riesenhotels tausendfache Arbeit verrichten. Die bleiben noch wach, ewig wach wie die Elemente, wenn die Menschen schon schlafen, und während die Stimmen ruhen, brauen sie aus der Stille neue Kraft und neue Geschwindigkeiten, die dann morgen die Menschen mitreißen werden in ihren Rhythmus, den unvergesslichen Rhythmus dieser verwirrenden und unergründlichen Stadt.

Brügge

I.

Bei Tag ist alles hier Gewöhnlichkeit.
Die Straße klingt vom Holzschuhtritt der Bauern,
Vom Lärm der Weiber, die am Markte kauern.

Allein im milden Glanz der Abendzeit
Erwacht der alten Häuser leises Trauern.
Die Glocke mahnt … Und in den dunkeln Mauern

Erstehn die Träume der Vergangenheit.

II.

Hier sind die Häuser wie alte Paläste,
Der Abend hüllt sie in traurigen Flor,
Die Straßen sind leer, wie nach einem Feste,
Wenn sich der Schwarm frohlärmender Gäste
Schon fern in die schweigende Nacht verlor.

Die prunkenden Tore mit rostigen Klinken
Sind längst nicht mehr zum Empfang bereit,
Verstaubt und verwittert die Kirchturmzinken,
Die in den Nebel träumend versinken
Wie in das Meer ihrer Traurigkeit.

Und in den Nischen an dunkelnden Wänden,
Da lehnen Gestalten aus bröckelndem Stein,
Und reglos, in heimlichen Wortespenden
Sprechen sie leise die alten Legenden
In die tiefste Schwermut der Straßen hinein …

III.

Die weißen Wolken fremder Lande,
Die nie ein Turm erklommen hat,
Sie scheinen nah im Spiegelrande
Und eingestickt dem schwarzen Bande
Der stillen Wasser dieser Stadt.

Wie Mädchen, die zur Messe schreiten,
So fromm und fürchtig ist ihr Gehn.
Man sehnt sich sehr, sie zu begleiten
Und über Trauer alter Zeiten
Mit ihnen sinnend hinzuwehn …

IV.

Lind weht der Abendfriede in die stille Stadt,
Der Sonne goldnes Blut verströmt in den Kanälen
Und eine Sehnsucht, die nicht Weg und Worte hat,
Beginnt nun von den grauen Türmen zu erzählen.

Die alten Glocken singen dumpf und wunderbar
Von Tagen, da ihr Jubelruf das Land umspannte,
Des Lebens Glanz tief unten in den Straßen war
Und fackelfroh das Wimpelspiel des Hafens brannte,

Von reichen Tagen wundersam und längst verglüht
Und die wie erster Kindertraum so fern geworden.
Das Ave schweigt … Und langsam stirbt der Glocken
Lied
Und zittert aus in leise bebenden Akkorden.

Die letzten Töne nimmt ein lauer Abendwind
Und einsam irrt der Nachhall in die toten Gassen,
Die alle schweigsam und ganz schmerzverschüchtert
sind,
Ein blindes Kind, das jäh die Führerhand verlassen. –

Durchs stille Wasser streift ein wildes Schwanenpaar
Und leise raunt die Flut, die schwingensacht erschau-
ert,
Von einer schönen Frau, die Königin einst war
Und nun im dunklen Nonnenkleide einsam trauert …

Die Stunde zwischen zwei Ozeanen

Der Panamakanal

Jahrtausende alt ist der Kampf um den schmalen Streifen Land dort bei Panama, diesen dünnen Nervenstrang, der Nordamerika mit Südamerika zusammennietet. Lang vor den Zeiten von Mensch und Tier hat er begonnen, in jenen dunklen Jahren, da noch kein Irdischer war, den leeren Begriff der Zeit zu zählen und einzig die Elemente im wehrlosen Leib der Erde wühlten. Unsere Geschichte weiß noch nichts davon zu sagen, nur die Geologen lesen heute die Spur jener Evolutionen aus den Gestaltungen des Gesteins. Damals, erklären sie, im Dunkel der Urzeiten haben zwei Ozeane um dieses Land gerungen, das, viel massiger als heute, wie ein rundgegürteter Leib das Herz des amerikanischen Kontinents beschützte. Von rechts aber drängte der Pazifische, von links der Adam tische Ozean heran, zwei blaue, ungestüme Giganten, gierig, einander zu begegnen, von unten wühlte vulkanisch das hilfreiche Feuer. Das Fließende rang gegen das Feste, bis sie endlich an einem Tage die Erde mit Feuer und Wasser zerrissen. Siegreich stürzte das Meer über das zerspaltene Land: Kuba, Portoriko und die kleinen Inseln des westindischen Archipels sind die letzten Fetzen jenes urweltlichen ertrunkenen Kontinents. Aber die Erde blieb störrisch und stark. Einen letzten Streifen ihres zertrümmerten Landes ließ sie nicht zerspalten und den türmte sie in erbittertem Widerstand zwischen die beiden Meere, eine dünne Mauer und doch einen Hohn gegen ihre endgültige Vereinigung. Lächerlich dünn scheint sie, gemessen an der Unendlichkeit der beiden Ozeane. Der Wind, der leiseste Wind, reicht herüber von einem Meer zum anderen, fast können sie die Stimme ihrer Wogen in Rede und Antwort hören. Die Möwen rasten bald am pazifischen, bald am atlantischen Strand, und ein nicht allzu hoher Hügel der Panamaenge gewährt sogar das in der Welt einzige Schauspiel, zwei Meere mit einem Blick zu umfassen. Ein schwankes Papierblatt, von der leichtesten Anstrengung zu durchlöchern, scheint dieser dünne Streifen Landes zwischen den ungeduldigen Meeren. Aber vergebens werfen sie nun schon seit Jahrhunderten ihre Fluten im Sturm dagegen: die Erde ist störrisch und hart geblieben und hat mit steinerner Barre den Weg von Flut zu Flut gesperrt. Den grausamen Verstümmelungen zum Trotz ist sie Siegerin geblieben im Ringen der Elemente.

Aber ein neues Wesen mengte sich vorwitzig in den alten Kampf der Elemente. Der Mensch, kühn geworden durch die Taten seiner Rasse, unternimmt nun, zu vollenden, wo die Natur zu schwach war, unterfängt sich, den Willen gigantischer Meere mit seiner kleinen irdischen Kraft zu verwirklichen. Die ersten europäischen Menschen, die unter entsetzlichen Qualen die Enge von Panama durchforschten, begeisterten sich schon in der vagen Idee der vereinten Meere, und Champlain, der kühne Eroberer Kanadas, sandte dem französischen König eine Relation über die Möglichkeit eines Kanals. Doch der Mensch von damals war noch zu schwach. Er hatte nichts als seine nackten Hände, hatte nur das, was ihm die Natur selbst geschenkt hatte, die Kraft seiner Arme, den Willen und die Kühnheit. Er war gerade stark genug, um andere schwächere Menschen zu unterjochen, Königreiche wie Mexiko, Peru und die Wälder der Rothäute im Spiel zu erobern, einen Kontinent sich untertänig zu machen, aber ohnmächtig blieb er gegen die Natur, wenn sie seinem Willen nicht gefügig war: Jahrhunderte mussten erst reifen, ehe er sich vom Traum zur Tat wagen konnte, sich anmaßen, die Widerstrebende mit Gewalt zu bändigen.

Der Mensch musste warten, bis er Herr der Natur geworden war und Meister der Elemente. Um diese Tat von Panama zu vollenden, mussten durch viele dunkle Jahre Gelehrte in ihren Stuben lebendige Erkenntnis aus toten Formeln ziehen, mussten Forscher der Natur erst einzelne ihrer Gesetze abringen, um daraus Waffen gegen sie selbst zu schmieden. Erst die Zeit, die dem Blitze sein Geheimnis entrissen, die Luft als treibende Kraft dienstbar gemacht, das Feuer in Knechtschaft gezwungen, erst unsere kühne und heroische Zeit durfte wagen, mit offener Stirn vor eine solche Aufgabe zu treten. Die Menschheit brauchte einen Mittler im Kampfe gegen die Natur, sie musste erst lernen, sich und ihre Kraft zu vervielfachen, musste die Maschinen finden, sie, die, selbst den Zufällen der menschlichen Natur fremd, doch die höchste Verwirklichung ihrer Erkenntnis bedeuten. Sie musste erst den Raum zwischen den Ländern überbrücken und jenen großen internationalen Zusammenschluss erreicht haben, um die Kapitalien flüssig zu machen, die Millionen und Milliarden, die nötig waren, einen so gigantischen Kreuzzug gegen die Natur ins Werk zu setzen. Alle die geistigen und technischen Errungenschaften unserer Zeit waren notwendig, ehe es der Mensch wagen durfte, selbst Natur zu spielen, das Antlitz der Erde nach eigenem Willen zu verändern und den Plan der Elemente vorbedacht zu zerstören.

Vor dreißig Jahren glaubte sich Europa stark genug für diese größte seiner Taten. Die Franzosen haben sich zuerst an das Unternehmen gewagt. Dieser erste erbitterte Kampf zwischen der Erde und den Menschen hat seinen Homer noch nicht gefunden, dieser erste blutige Kampf, in dem die Menschen unterlagen. Wir hier in Europa kennen nur das Komische der Affäre, das Satyrspiel, die bestechenden Parlamentarier, den Krach der Aktien in Paris, das verhängnisvolle Börsenmanöver, und wissen wenig von der Tragödie, die sich drüben am anderen Ende der Welt vollzog. Zwanzigtausend Menschen sind bei den Arbeiten am Kanal zu Grunde gegangen, eine Milliarde sauer erworbenes Geld nutzlos versickert im weißen Sand, langsam versunken in den trüben Morästen, vergeudet in verlassenen Häusern und verrosteten Maschinen. Denn die Natur kämpfte dort in Panama, wie von einem heimlichen Instinkt gewarnt, mit den gefährlichsten Waffen der Heimtücke um ihren Bestand. Nicht nur, dass sie im Trotz ein ganzes Gebirge zwischen die beiden Ozeane gestellt hat, das Zoll für Zoll, Schaufel für Schaufel abgetragen werden wollte, auch alle Gefährdungen der Tropen sind dort wie in einem Köcher gesammelt, aus dem die vergifteten Pfeile des Todes fliegen. Von den Niederungen her kriechen die giftigen Ausdünstungen des Fiebers, überall schwirren hier die kleinen, gefährlichen Mücken, mit dem Tode auf ihren surrenden Flügeln. Unmerklich, aber unentrinnbar haben sie ihr Gift, das ihnen die Sümpfe im Dunkel der Urwälder brauten, dem von der Hitze geschwächten Menschen ins Blut gejagt, bis die Arbeiter entflohen, die Ingenieure niederbrachen und eines Tages die keuchenden Maschinen, sie, denen Krankheit und das grimmige Sonnenfeuer nichts anhaben konnten, verlassen, wie Leichname auf dem Schlachtfelde blieben. Diese Katastrophe von Panama, der verunglückte Kanal, war die furchtbarste Niederlage der Menschheit in unseren Zeiten. Zehn Jahre blieb die Natur Siegerin, die Menschen verließen, vom Schrecken gejagt, die mörderische Walstatt, wildwucherndes Unkraut hat seitdem die verlassenen Maschinen förmlich gefressen.

Heute noch sieht man sie am Wege liegen, als grüne Hügel von Schlingpflanzen und Gesträuch, denn die tropische Vegetation reißt hier alles rasch in ihre Arme, die Häuser wurden verlassen, die ausgegrabenen Schächte sickerten wieder zu, und weit drüben, in Europa, büßten Tausende die Kühnheit der vorschnellen Unternehmer. Die Natur, die hundertfach vom Menschen gedemütigte, hat ihm dort ein letztes Mal ihre Macht gezeigt.

Aber zum letzten Mal. Denn unsere Zeit, unser neues Jahrhundert weicht nicht mehr zurück, sondern schmiedet neue Waffen, wenn die alten zersplittern. Eine neue Generation hat dieses Ringen noch einmal, zum letzten Mal und nun siegreich begonnen. An die Stelle der Franzosen sind die Amerikaner getreten, die mit ihrer unheimlich konzentrationsfähigen Energie, ihrem stählernen Optimismus und ihrer prachtvollen Waghalsigkeit das Werk gefördert haben. Belehrt durch die Katastrophe ihrer Vorgänger, haben sie den Ingenieuren vorsichtigerweise die Ärzte vorangeschickt, zuerst die Sümpfe ausbrennen lassen, aus denen die Moskitos schwirrten, haben Spitäler gebaut und für gesunde Unterkunft gesorgt. Erst in gesundetes Land sandten sie Arbeiter ans Werk, aber nicht nur die Menschen allein. Ihr nationales System, die hinfälligen, unzuverlässigen Menschen durch die eiserne Maschine zu ersetzen, hat sich nirgends besser als in diesen verseuchten Gegenden bewährt. Wie im Spiel ist heute schon mehr als die Hälfte der Schwierigkeiten überwältigt, und nicht ohne Geräusch rüsten die Yankees für das Siegesfest. Denn ein Kapitel in der Geschichte ihres Landes schließt damit triumphierend ab: zum ersten Mal dürfen sie sich rühmen, Europa überflügelt zu haben, Sieger dort geblieben zu sein, wo jene zurückweichen mussten, und ein Werk geschaffen zu haben, dessen Gewalt und Bedeutung kaum zu berechnen und fast unmöglich zu schildern ist. Ziffern könnten die Gewalt dieser Schöpfung vielleicht ahnen lassen, aber Ziffern sind kalt und unsinnlich, sie rühren an den Verstand und nicht an das Gefühl. Das Wort wiederum greift vergebens nach dem Vergleich, denn hier ist wirklich eine Tat im Reifen, die ihresgleichen in der Geschichte nicht hat.

Man darf nicht versuchen, dieses Unternehmen mit dem Suezkanal zu vergleichen, denn das hieße arg verkleinern. Der Suezkanal, mag er für seine Zeit auch ein Gewaltiges gewesen sein, ist in seinem Plan, in seiner Ausführung doch irgendwie einfach und geradlinig. Zwischen zwei Meeren wurde durch weichen Sand ein Kanal gegraben. Die Natur, das Klima boten kein Hindernis, die Arbeiter waren zur Stelle. Den Suezkanal kann man einem Kinde erklären, es wird seine Idee verstehen, wird vielleicht selber am Meere in flüchtigem Spiel mit seiner Schaufel eine Rinne zwischen zwei Vertiefungen graben, um ihn nachzuahmen. Die Tat am Panamakanal aber ist phantastisch. Etwas Unirdisches, Unbegreifliches haftet ihr an. Hier mussten Berge versetzt, Wälder verbrannt, künstliche Seen geschaffen, die ursprünglichen Formationen der Natur in ihr Gegenteil verwandelt werden, hier war es notwendig, Arbeiter erst herzuschaffen und ihnen zuvor Wohnstätten zu bauen, neuzeitliche Kultur in einer Wildnis zu errichten. Hier in Panama wurde – es klingt unglaubhaft – die Wasserstraße hoch zwischen den beiden Meeren angelegt; nicht auf ebenem Spiegel, sondern hundert Meter über der natürlichen Fläche werden die Schiffe von Ozean zu Ozean fahren, gehoben auf der einen Seite und wieder niedergesenkt zum Meere auf der anderen. Die Franzosen hatten noch das Primitivere versucht, sie wollten, wie in Suez, auf ebenem Spiegel die beiden Meere verbinden. Für die Amerikaner ist inzwischen das Kompliziertere, die Wasserstraße hoch über dem Meeresspiegel, schon das Einfachere geworden. Zwanzig Jahre technischen Fortschrittes haben hier ein Unmögliches zur Leichtigkeit gemacht: In solchen Verwandlungen und Veränderungen ahnt man das hitzige, herrliche Tempo unserer Zeit, in so stürmischen Fortschritten, die das heute Unmögliche zum Selbstverständlichen von morgen machen und die kühnsten Träume einsamer Phantasten in lächerlich kleiner Frist zu alltäglichen Taten verirdischen.

Kein Lehrbuch, und auch nicht das modernste, kann einem so viel von moderner Technik bewundernd erzählen, als diese zwei Stunden Eisenbahnfahrt von Colón nach Panama, vom Atlantischen zum Pazifischen Ozean. Ein grandioses Schauspiel von Arbeit und unbändiger Energie rollt sich auf, nirgends ist Ruhe, Rast, überall Bewegung, Eifer, Tätigkeit, nirgends mehr reine, stille Landschaft, sondern überall gebändigte, unterjochte Natur. Hier inmitten tropischer Wildnis, nahe dem Äquator, habe ich stärker als je in Europa die triumphierende Gewalt der geistigen Kultur empfunden.

Colón selbst, der Ausgangspunkt des Panamakanals, ist eine kleine, tropische Flibustierstadt, ein weißer Sonnenfleck in einem grünen Rahmen von Palmen. Teuflisch brennt hier die Hitze nieder. Zwei Gassen vom Meere schon, wenn man die leise, schwach atmende Brise nicht mehr an den Wangen spürt, zittert's in heißen Wellenschwingungen an einen heran, wie weißglühendes Erz strahlen die Wände von der brütenden Sonne. Ein ungeheurer kochender Kessel, dessen Ränder bis an den Horizont reichen, scheint dieses Land: blau steigen aus den Niederungen, aus den Wäldern die qualmigen Dünste auf, um im weißen Licht gespenstig zu zerfließen. Dort kocht das Fieber seine gefährlichsten Säfte. Nun versteht man auch auf einmal, weshalb rings um die offenen Holzhäuser hier überall ein Sturz aus Drahtgeflecht, ähnlich den Tiroler Fliegenhauben, gestellt ist, warum jedes Fenster, jede Tür dieses dünne, durchsichtige Gitter hat. Stolz und vordringlich, mit weißem Leuchten steht als das wichtigste Haus inmitten der kläglichen Hütten das Hospital, und links von der Bahn winkt einem ein Friedhof mit vielen Kreuzen drohend ab: die furchtbaren Hekatomben der zwanzigtausend Opfer. In wild aufschießendem Grün sind sie hier gebettet mit dem Blick auf den Ozean, hinter dem ihre Heimat liegt. Paradiesisch schön ist dieser dunkle Hain, aber hier ist nicht gut zu verweilen. Der Zug fliegt weiter, Luft zischt durch die geöffneten Fenster herein, ohne zu kühlen, wie lauer Dampf nur fliegt sie einem über das Haar und die Hand. Zu beiden Seiten starren grüne Mauern, undurchdringlich und nicht zu zerbrechen, der Urwald drängt sich hier überall hungrig hart bis an das menschliche Haus. Nach zehn Minuten sausender Fahrt ist das erste Ziel erreicht, der Eingang des Kanals, die Gatun locks, die berühmten gigantischen Schleusen.

Mit Ziffern kann man keine Ahnung ihrer Leistung geben. Sie sind stärker als alle Riesen der Vorzeit, diese fast turmhohen Wände aus Zement, die hier plötzlich auftauchen. Was besagt es im leeren Wort, dass hier Schiffe von 30 bis 50.000 Tonnen in drei Stunden hundert Meter über den Meeresspiegel hochgehoben werden? Man muss sich erst daran erinnern, dass jedes dieser modernen Riesenschiffe mit seinen 3000 bis 4000 Mann an Bord eine ganze Stadt mit kleinen Fabriken, Werkstätten, gigantischen Maschinen, mit Restaurants, Vergnügungslokalen, Schwimmbassins, einer öffentlichen Bibliothek, mit künstlichen Gärten, Musikkapellen und sogar einem kleinen Theater ist; muss bedenken, dass solch ein Schiff ein Gewicht darstellt, das wir gar nicht ausdenken können, wir, die wir in einem Hafen schon staunen, wenn eine Lokomotive von der Polypenkralle eines Krans wie spielend in die Luft gehoben wird. Und man muss sich vorstellen, dass all dies – also etwa eine mitteldeutsche Kleinstadt – in diesen Schleusen wie auf einem flachen Handteller behutsam hundert Meter hoch gehoben (indes die Passagiere friedlich beim Tee sitzen oder Bridge spielen) und dann ebenso sanft wieder in den andern Ozean fünf Stunden später hinabgelassen wird. Die ganze Höhe aber wiederum, zu der die Schiffe mittelst Elektrizität und hydraulischen Druckes so emporgetragen werden – jetzt noch eine ungeheure Fläche niedergebrannten Dschungels – wird mit künstlichen Zuleitungen inzwischen in einen gewaltigen Binnensee verwandelt, etwa von der Größe eines Salzkammergutsees, auf dem die Ozeanriesen mit Volldampf eine Stunde lang fahren können. Dann erst beginnt der eigentliche, durch diese geniale Niveauerhöhung stark verkürzte Kanal.

An dieser Stelle hält der Zug wieder Rast, und hier am Culebra Cut wartet eine neue Unwahrscheinlichkeit. Die Karten zeigen hier eine hohe Bodenerhebung, ein ganzes Gebirge an, aber man sucht es vergebens mit dem Blick. Er ist fortgeschafft worden, dieser Fels von Culebra, von den Franzosen zur Hälfte, von den Amerikanern zur anderen. Wie versunken scheint er, weggezaubert ohne Spur. Wo ist er hin, wo seine Spuren, wo die Erdmassen, die doch Lagerung um Lagerung abgehoben werden mussten? Der Ingenieur, den man fragt, lächelt leise mit verhaltenem Stolz, ob wir denn nicht den Damm bei den Gatun locks, die Aufschüttungen an der Bahn gesehen hätten? Dort ist jetzt der Berg, künstlich als Schutz gegen das Meer gebaut, der hier als Hemmnis dem Kanal sich entgegenreckte, und wirklich, tief unten auf der Fläche, auf dem Grunde des Kanals sausen auf fünf Geleisen nebeneinander die Eisenbahnen, lange Züge, jeder belastet mit Schutt, tragen die Erde in die Ferne, um neue Dämme zu bauen. Dazwischen donnert's dumpf: das Dynamit reißt jeden Augenblick neue Stücke aus den Flanken des Gesteins. Schon ist das Strombett des Kanals schwindlig tief: von hier oben sieht sich das rege Getümmel der Arbeiter dort drunten wie Fischlaich am Rande eines durchsichtigen Gewässers an. Eine unheimliche Geschäftigkeit kreist um diesen kühlen Abgrund, Menschen und Maschinen im bunten Gewirr. Wie bezaubert starrt man hinab, aber der Ingenieur lächelt wieder: wir müssen noch vierzig Fuß tiefer, meint er, das wird bald geschehen sein. Und wirklich, man zweifelt nicht mehr, sieht man unten die Riesenzangen der Maschinen, wie sie geschäftig ganze Wagenladungen Schutt mit einem Griff aufreißen und beinahe graziös in die offenen Waggons laden, die dann mit gellem Jubelschrei ihrer Dampfpfeifen sie hastig wegtragen, um nach fünf Minuten wieder leer mit aufgesperrtem hungrigem Maul zur Stelle zu sein. Die Menschen neben ihnen scheinen winzig klein. So tief sind sie da drunten im Schacht, dass man ihre emsigen Bewegungen kaum merkt, nur hie und da blitzt ein Strahl Licht herauf, wenn sich die Sonne mit einem blanken Spaten kreuzt. Ihre Tätigkeit ist unsichtbar und für den Blick ganz unverständlich. Alles scheinen die großen schwarzen keuchenden Tiere, die Maschinen zu schaffen. Und man könnte es auch gar nicht begreifen, dass Menschen allein dieses Unwahrscheinliche vollbringen, Ozeane zu vereinen, Berge zu versetzen, Länder in Seen zu verwandeln, fließende Straßen über ein Gebirge zu ziehen, diese wahrhaftig biblischen Taten, die man hier noch im feurigen Werden belauscht. Ein Taumel überfällt einen inmitten dieser fiebrigen Arbeit, der Rausch des Vollbringens. Ich weiß, wie ich, mitten im Anblick des Werkes in glühender Sonne die Erdwellen auf- und niederkletternd, plötzlich die infernalische Hitze vergaß vor innerer Erregung, die Glut der Sonne nicht mehr spürte und erst der Müdigkeit gewahr wurde, als dann Panama erreicht war, der blaue, unendliche Pazifische Ozean mit dem Trugbild Japans hinter seinen stillen Wellen.

Seltsames, unvergleichliches Gefühl, da unten im noch trockenen Strombett des neuen werdenden Flusses zu wandern, ein Stück irdischer Schöpfungsgeschichte zu erleben, teilhaftig zu sein an einer Umgestaltung der Welt! Irgendwie feierlich war mir's doch, da an die Erde zu rühren, die Nord- und Südamerika zur Einheit macht, kurz vor der Frist, ehe die Wellen sie für alle Ewigkeiten entzwei spalten. Dann werden sich beide Ozeane umschlingen, wieder wird die Erde enger sein für unsere Hast, kürzer für den edlen Rausch der Geschwindigkeiten, der dies Jahrhundert so heroisch erfüllt. Ein neues Tor der Welt ist dort neuen Wegen und neuen Werten aufgetan. Die Distanzen werden sich ändern, die Idee von Raum und Zeit, die Machtfülle der Nationen, und vielleicht beginnt dort Amerika sein Imperium mundi. Ob sie es ahnen werden, die Späteren, die dann auf diesem neuen Strom hingleiten, dass sie in dieser schläfrigen Stunde, hingereckt auf ihren Liegestühlen, die feurigsten Träume von Tausenden Toten erleben, ob sie es spüren werden, dass jeder Fuß breit Wasser unter dem eiligen Kiel mit dem Blute, mit der edelsten Anstrengung einer ganzen Generation bezahlt ist? Wundervoll ist es, diese Umwandlung, diese Umwertung, diese Sekunde vom Alten zum Neuen in Panama heute noch als einer der letzten erlebt zu haben. Wer einmal dort zwischen der Wildnis von einst und diesen neuen menschlichen Werken stand, dem schwingt schon heute in diesen drei Silben Panama ein unendlicher Jubelruf, der Siegesschrei unserer starken, heroischen Zeit, die endlich Herrin ward über die störrische Natur, die zum ersten Mal ihren irdischen Willen Gebirgen und Meeren, die bislang nur Gott und den Elementen gedient, gebieterisch aufzwang.

Der verlorene Himmel

/Elegie der Heimkehr/

Wohin entschwand, der mich noch gestern bestrahlte,
Der rauschende Himmel? Ein Meer, unendlich, umspülte
Er liebend und blau die zackigen Ränder der Erde,
Winde durchfurchten ihn sanft und lächelnde Wolken
Hellten den ruhenden Ernst zu freundlichem Gruß.
Sterne entblühten ihm nachts wie weiße Zyklamen
Und der Mond, der uralte Quell aller Träume,
Goss mir kühl aus silbern gebogener Schale
Tröstung ins Herz. Wann immer der Blick, der verwirrte,
Müde des Lands und heiß vom Antlitz der Menschen
Auf zu ihm stieg, war er begütigt empfangen:
Ewigkeit glänzte ihn an und küsste die Klage,
Die kleinliche, zärtlich fort von dem brennenden Lid.
Selig war ich. Ich glühte, ich blühte nach oben,
Aus allen Wurzeln hob ich mich hoch und verrankte
Unrast und Gier in sein beruhigtes Blau,
Lustvoll spannt' ich mich aus, und, selber ein Himmel,
Wölbte sich mir mit heiligen Zeichen die Brust.
Hier, wo ist er, der große, unendlich entspannte?
Zerbrochen hat ihn die Stadt, den Spiegel der Zeiten,
Scherben, zerschellt am gelben Steinbruch der Straßen,
Blinken nur nieder, umdüstert vom Qualm der Fabriken,
Gassen fenstern ihn eng zu grauen Quadraten,
Plätze schleifen ihn rund, und riesige Schrauben,
Pressen die Schorne den wölbigen flach an die Dächer.

Die Sterne ersticken im Dunst und selten nur eilen
Wolken leichtfüßig durch seinen trüben Morast.
Lehmige Flut, gedämmt vom Felssturz der Straßen,
Schleppt er sich hin, und die aufwärts spähenden Blicke,
Rein sich zu baden an seiner einstigen Reinheit,
Stürzen enttäuscht zurück in das rastlose Herz.
Wem hier vertrauen, wem sich aufglühend hingeben,
Da er verdunkelt, der ewige Blick aller Blicke,
Wen frag' ich an? Mit grellgeschminkten Plakaten
Grinsen die Wände, kreischende Lichtbilder hämmern
Sinnlose Worte wie Nägel mir tief ins Gedächtnis,
Blicke brennen, Rufe harpunen nach mir.
Alles ist Schrei hier und keiner, mich schweigend zu hören,
Keiner mein Freund. Fieber sind mir die Tage,
Dampf und gefährlich die Stunden der Nacht ohne ihn.
Oh, wie schlief ich in seiner unendlichen Wiege!
Weich umhüllte mich Nacht, und Summen von Bienen
Bestickte golden die leise tönende Stille,
Winde wiegten mich ein, die Blumen enthauchten
Weihrauch von Duft und machten die Sinne mir fromm.
Atmen hört' ich das Land, und die wogenden Brüste
Der Wälder hoben und senkten sich sacht wie die meine.
Nieder fühlt ich mich gleiten vom niederen Strande
Des Tags in die tiefere Welt, und waches Besinnen
Löste sich sanft in die freundlich dunkelnde Flut.
Schwärzlich war ich umfangen. Doch unten am Grunde
Glänzten bunt und geschart die Kiesel der Träume,
Arglos nahm ich sie auf, ich rollte die hellen
Und dunkeln in eins, beseligt im kindlichen Spiele,
Bis mir wieder das Frührot, sanfter Berührung,
Aus den Fingern die leise glitzernden nahm.
Hier, hier stürz ich hinab! Ein eiserner Sarg

Umpresst mich der Schlaf. Über ihn poltern nach schwere
Schollen von Lärm, mit klirrendem Spatenwurf schaufelt
Mich die fühllose Stadt in den Acker der vielen,
Die hier unter dem irren Kreuzgang der Straßen
Frierenden Blutes daliegen, tot und doch wach.
Immer wühlen noch Stimmen mir nach, und die Häuser
Drücken mir schmerzend mit ihren Steinen die Brust.
Nie verlösch' ich hier ganz. Von Worten und Schreien
Zuckt noch Nachhall in mir, das Kreischen der Schienen
Quert meinen Schlaf die donnernde Brandung der Wagen
Gischtet ihn an, das wüste Grölen der Trunk'nen,
Röcheln der Kranken, die keuchende Gier der Verliebten,
Angst und Erregung aller, die jetzt noch wach sind,
Sickert in mich und trübt mein dämmerndes Blut.
Auf hohen Türmen hocken schlaflos die Stunden
Und schlagen mit Glocken nach mir. All meine Träume
Dünsten noch Tag und haben die gierigen Blicke
Der Dirnen, die meinen Heimweg abends umstellten,
Angst und Qual von nie gekannten Gelüsten,
Denn viele sind wach noch in mir, indes ich daliege,
Und durch mein Herz stampfen unzählige Schritte,
Fremdes frisst sich mir an und fremde Geschicke
Nisten sich frech in meinen schauernden Schlaf.
Wann, wann hör' ich mich selber, wann tönt der
Seele Musik vom hohen Himmel zurück?
Oh, ich fühl's, mit ihm, dem selig erhob'nen,
Verlor ich mich selbst. Und mein Herz, das verwirrte,
Schlägt hier nicht eigene Stunde der Brust, sondern hämmert,
Fremd schon sich selbst, den rasenden Rhythmus der Stadt.

Zeitfracht Medien GmbH
Ferdinand-Jühlke-Straße 7
99095 Erfurt, Deutschland
produktsicherheit@kolibri360.de

Druck:
CPI Druckdienstleistungen GmbH
im Auftrag der
Zeitfracht Medien GmbH
Ein Unternehmen der Zeitfracht - Gruppe
Ferdinand-Jühlke-Str. 7
99095 Erfurt